楊政峰——著

走進英雄島

金門戰地巡禮之旅

推薦序　對金門土地與友人們
　　　　不捨及真誠的情感

　　我服役於金門期間，每回休假大多是匆匆的四小時罷了，在腦海裡只能對這個邊陲島嶼擁有的特殊人文及自然景觀留下片斷記憶，然而這些印象卻讓我燃起探究金門的動機，當然也延續我與金門的緣分。就在距我退伍後的第八年（1999年），為了碩士研究論文而遠從英國牛津飛回金門進行資料收集及田野調查，加上後續的博士研究，讓我從當年服役時對金門的淺薄認識轉而更深入且足跡擴及至金門的各個角落。研究的歷程中讓我結交了許多金門本地及熱愛金門的友人，政峰即是其中之一。與政峰結識是當我在金門國家公園服務櫃台上歡喜地翻看豐富資料時，經友人介紹而首次與政峰見面。相談之間見到政峰充滿著對金門豐富情感的神情及遇上同好知音的喜悅。金門島，從此即連結上政峰與我共同關愛金門的情誼。

　　知道政峰很積極地想要把工作轉移至金門來，以便將他的生活及工作重心全都擺置在金門島上；我能理解到政峰能樂在熱愛土地上工作的喜悅外，更相信這是他對金門的用心及熱愛已到了這般「就近照顧」的行動力。我獲知他已服務於農委會動植物防疫檢疫局高雄分局金門檢疫站，很為他的行動力和決心感到歡喜與佩服。記得於2004年11月我重回金門參加「2004

第八屆世界島嶼會議暨學術研討會」，剛踏進入境廳前隨即見到政峰正在執勤，當時我心覺得，他為了心中的目標及期待踏實地向前邁進，從對土地關愛進而站在防疫的第一線上為金門把關；當又見其坐車登錄金門籍，我會心一笑，了解這就是他的決心，也是令人稱羨的志業。

金門雖只是彈丸之地，但不僅其人文薈萃且更是在軍事上的戰略要地，在中國的土地上歷經多次的政權交替，金門總成為兩權相鬥關鍵之地。中國的近代史裡的國共相爭，金門更被國民黨軍隊極盡利用及改造成海上反共的軍事重地及灘頭堡，也因此讓金門島歷經近半世紀的軍事管制及烽火歲月。因金門地處大陸邊緣，且又因國共相鬥所衍生的軍事建設及相關土地政策，至始匯集了豐富的邊陲島嶼的地景於金門島上。然而金門開放後隨即在觀光及經濟發展大旗的領導下展開各方面的開發，諷刺的是金門的特殊風貌卻是同時逐步地被破壞著。本人與政峰雖因專業領域不同而各別關注著金門不同面向的議題，但共同地意識到人為開發及破壞後金門是難再復原的窘狀，且這正是金門面臨相當嚴峻的危機，惟政峰深刻體認到勢單力薄且刻不容緩，於是他積極號召而成立起「中華民國島嶼愛鄉協會」。

島嶼愛鄉協會成立多年來，透過組織的力量已喚起更多人對金門的認識及關心，除對環境生態議題的參與外，也透過活動及教育來讓更多人來參與。除了在金門島上的關懷及奔走，也多方面與在台的金門學子連絡，欲喚起學子們對故鄉金門的環境生態資源保護的意識，進而守護著金門特殊的人文及自然景觀。同時也與其他離島的民間組織連結，互相學習及支援以

期能對台灣的離島群同樣盡一份保育及保存的心力。政峰在與時間賽跑的壓力下奮力地往前衝，希望能即時防止金門的再惡質開發建設。然而公共政策的推動及民間對生活環境和經濟效益的需求，使得變化速度令人憂心不已，但仍見到政峰鍥而不捨地向各方面連繫及努力，抱持著對金門的初衷，希望儘量把各層面的人力和資源結合，發揮對金門的保護功效。與政峰相識已十六年，察覺外表溫酷的政峰，其實內心是相當熱情的，我認知到他是位細微的觀察者，也是位為理想而執著以赴的實踐者。他對大自然生態的愛好與執著，使他不僅對於生態有相當深入的研究，且在生態旅遊上亦是經驗豐富的領導者。也因為有他這般的態度且再加上他的學術涵養，使得政峰對金門做了詳細的觀察及記錄，展現了他對金門的感情與信念，不僅只是關心而是付諸行動。

　　憶起當年夜抵金門料羅，除港區零星燈火外陸地上黑暗一片，只見在探照燈下偌大的「金門」兩字，讓我心裡不得不承認我已兌領了金馬獎的彩金，真的來到了戰地前線——金門島。在碼頭所見真有如電影般的場景，就是新兵部隊被遣送至戰事前線時分發的情景，部隊在嘶喊的點名聲及軍卡忙碌進出中漸漸被帶離了碼頭，我也被引領安頓在不知在何處的營舍內度過我抵金後的第一夜。隔天一早跟著部隊穿入聚落前往集合，我初見聞到了居民、生活環境及似懂非懂的金門話；當時對這與台灣截然不同的邊陲領土有著難以言喻複雜的心情，既好奇也感到相當的不安，只能既來之則安之，看著辦吧。我在金服役期間，休假時間通常只是短短的四個小時，所以鮮少有機會四處走訪金門；但因守備任務之故，倒是曾駐防過多個

在金西師的營區及據點，所以對金東也相對比較陌生，出身金東的政峰書內多撰寫到與各師有關的資料，正可彌補我對金東認識的不足。

自從開始研究金門後，尤其每每獨自在金門田野調查時，心裡總會有著與服役時的時空交錯的感覺，然而許多服役時的記憶卻是片斷的。當讀到這本書時，我腦海中的許多片羽吉光竟被這本書內的文字及圖片給組織起來了，心情感受也隨著起伏震盪不已。讀到書中提到的「驅離射擊」，這正是我服役期間最驚心動魄的實彈守備時期經驗，憶起駐守在南山的據點，曾經於夜半時分，寧靜海面上卻密佈著詭異船隻。點點敵船燈火在漆黑的海面上浮晃著，籠罩著將被圍攻的緊迫危險感覺……據點指揮官立即下令開砲驅離，在砲陣地裡弟兄們速速裝填彈藥轟然擊出，機槍也答答答連發地射向海岸線，震耳欲聾的槍砲聲最後才受令停止射擊停歇下來……後來這據點雖由海巡單位接手但今也廢棄了。讓人不禁感嘆當年肩負保衛鄉土的重要據點竟已頹壞，連據點旁邊原本弟兄每天敬奉三柱香祈求平安的小廟，也被野草埋沒中斷香火了。書中所提及的「岸勤任務」，也是我畢生難忘經歷。寒冬風雨夜裡在碼頭上搶時間，輪班搬運船隻補給來的物資及彈藥；休班時則蜷縮在寒風不斷貫穿的營房內，但冷颼颼的風加上冰寒刺骨的雨，僅靠著已汗溼透的草綠夾克根本無法禦寒。當寒意凍得牙齒打顫，只能偶而靠著菸頭小火光給自己心裡頭暖和的感覺，及向「小蜜蜂」買肉粽或泡麵來補充熱量趨寒……往日搶灘的情景今日應已不復見。此外，夜行軍必經的「擎天水庫」、在頂堡、西山、東堡溝的「雷霆演習」、跟著部隊在「頂堡鎮西文康中

心」看電影、在「東沙醫院」附近支援並參與在「歐厝」海岸的全島防護火砲射擊演習，在「陣地關閉」前部隊得趕回營區……這些熟悉的記憶與青春，藉由這些文字及圖片讓我再度穿越時光隧道、重回當年服役期間金門島上多樣的場景裡，從菜鳥到老兵退伍的往事歷歷浮現眼前，情緒也跟著不斷地翻轉著而有笑有淚。

回想服役時並無機會參加較具規模的勞軍活動，反而當我在收集論文研究資料時，意外發現許多張鄧麗君在金門勞軍時的影像照片，憶想當年鄧麗君以她優柔的歌聲曾撫慰這英雄島上許許多多軍中弟兄們。轉眼間她竟也已離世二十年了，相信鄧麗君依然是英雄島上弟兄們不滅不朽的精神偶像，感嘆的是，當英雄島上的英雄們逐日離去，且多樣的戰防工事和其他特殊軍事意義的設施也逐漸被破壞汰除掉，消失的地景地貌意味著無數的英雄們在金門島上的血汗痕跡將被抹滅掉了，那麼英雄們當年在金門島上奮命搏鬥的精神也將隨之不復記憶吧？相信這本書也能帶給許多前輩學長們，甚是更早期咱們父執輩時代的所謂「充員兵」懷念當年博命的「金馬獎」。面對時代的改變，金門的神祕面紗終究會被掀除讓世人很貼近地認識她。金門前線開放以來，已有許多官方的、學界的及民間的對金門的研究及出版品問世；然而這本由政峰這位曾服役於金門且長期關心金門的人所作另一個角度的觀察記錄，相信此書是政峰憂心金門而有的「疼心」與「無奈無力」的吶喊，一方面積極地為疾速改變的金門留下資料，另一方面也以文字的力量對抗隨現實消逝的記憶與意義。與金門緣分的歷程，我與政峰有著相當程度的相似，這本書相當地觸動著我的心及思緒，是

以我極歡悅地推薦這本書給過去、現在、未來在金門島上努力
且踏實過日子的朋友們。

衷心祝福政峰

邊陲&島嶼地景研究室負責人　簡宏達

2015/05/18

自序　走讀金門的戰火歲月

　　我是在戰地政務接近尾聲的年代在金門服役，雖是尾聲，但一如過往，金門軍政合一，防衛司令部的司令官不僅是防區指揮官，也是縣政的大家長。縣民不分男女，滿16歲就編為自衛隊員。我常在聚落，甚至山外看過背著五七步槍騎車飛馳而過的自衛隊員。

　　初抵金門時，我搭乘的開口笑登陸艇停泊新頭外海等待潮汐，遙望一片翠綠，木麻黃覆蓋全島。整座島皆乎都是兵事，每個交叉路口不是機槍堡就是崗哨，不遠的距離就可見到一個營區，走在鄉間小路，軍事工事常「不期而遇」。由於戒嚴，夜間有「陣地關閉」時間，夏季19時整、冬季18時整，天色轉暗時，除非有任務，軍民皆禁止在外逗留，並實施燈火管制，全島燈光不得外洩。除了沒有路燈，不論軍營或民宅，窗簾一律是紅底黑布，天花板的燈具也有安裝這種設計的燈罩。燈火管制讓金門擁有亮麗的星空，我第一次看見銀河與流星，就是在抵達金門服役的第一天晚上。金門的夏夜也很熱鬧，螢火蟲成群飛舞，為站崗哨的衛兵點上些微的光明。

　　戰地政務也實施限建，金門歷史源遠流長，閩南聚落的自然村保存最多。軍管的限制也抑制了開發與環境的破壞，加上用水需求挖掘池塘、興建水庫。山林水間、古典融合自然，活生生就是桃花源的翻版。到金門當兵讓我愛上金門。

民國79年退伍後不到三年，金門解除戰政務，縣長、議會回歸民選。久被軍管限制的金門百姓，只想擁有無限的自由。積極建設的金門，木麻黃與濕地首被摧殘，古典的閩南聚落中出現許多三層樓以上的透天厝，再不復見電影《大紅燈籠高高掛》中的民初場景。

　　金門最難能可貴的，就是它的戰地風情、閩南文化與自然環境，其中最無法取代的，則是它若隱若現的神祕感，不論是歷史淵源，或是島嶼景觀。解嚴後不到10年，國軍實施的精實案、精進案，讓金門駐軍大量裁撤，從全盛時期的十萬大軍，變成現在數千人的守備隊。國防部因此大量釋出、拆毀營區。加上失去的木麻黃、拓寬取直的道路與塗掉的愛國標語，讓金門的戰地色彩更加淡薄。

　　失去優勢的金門，仍以扼殺資源的方式換取繁榮的代價。回想當時金門民風淳樸，卻為了經濟發展不計代價，就像「魔戒」電影中逐漸成魔的史麥戈：「忘了麵包的滋味、樹木的聲音，和輕柔的微風！」

　　金門人常說：「我們為的是發展，國家公園的存在阻礙了我們的發展……」

　　我常想問問金門人：「你們到底要發展什麼？」

　　我常回金門走走，雖然看到殘破不堪的碉堡，摧毀荒廢的營區。走在金城、山外街道，那曾經歷過軍管時代的商店招牌仍有著熟悉的氣息，我想金門還有許多戰地的回憶等著被發掘，只要有心，英雄島的精神依舊長存。於是我整理多年來拍攝的照片，撰寫成書。希望本書的問世，能留給曾在此駐足的朋友一些過往的回憶，對金門有期待的人，此書也能成為體驗

戰地的指引。這不僅是一本影像紀錄，戰地文化史，更是探訪軍管遺跡的旅遊書。

　　這本書投稿後，有幸獲得秀威資訊科技股份有限公司垂青，並與我不斷討論內容與設計，為了讓這本書更充實，更有文化遺產的價值，籌備期間允許我修補資料，我在一年內返回金門五次，以補足應有的影像檔案，十分感激前後兩位編輯松秀與冠慶的共同努力，方使這本兼有文化與旅遊的書浮現大成。

　　這本書能順利出版，我要特別感謝一位好朋友—曾服務於墾丁國家公園的130梯替代役李杰。由於書中列出的影像及地點多為私密景點，或偏僻難尋之處，我與冠慶討論的結果，希望能籍地圖的指引讓讀者容易熟悉金門的地理環境。具備地理資訊背景的李杰，答應相助繪製二張地圖，他臨門一腳的幫忙終於讓這本書能夠問世。

　　這是我的第四本著作，也是努力最久的一本書，撰寫超過一年，從投稿簽約到出版也將近一年，但以文化保存的價值來看，這樣的付出也是值得的，真心感謝這些一同努力的朋友們。

目錄

I

歷史成就金門，金門造就歷史

緊臨大陸廈門，位於九龍江口的金門，古稱浯洲。追溯歷史，遠自五代便有移民遷居的記載。因其扼守廈門灣咽喉，戰略位置易守難攻，亦可箝制大陸水軍出入，自古以來便是兵家必爭之地。明朝期間海盜肆虐，明末鄭成功佔領金門籌劃反清復明大業，及至民國38年大陸淪陷成為反共前線，金門便屢遭戰火洗禮。

　　然其不可抹滅的歷史淵源：唐代牧馬侯開拓金門、宋代朱熹的教化，乃至於明清時期科舉中第者輩出。戰亂與海盜滋擾迫使居民出洋，衣錦還鄉者起造洋樓，另一股文化注入金門，使得金門彷彿是一座多樣化的古蹟島、文化縣。除了一村接一村的閩南聚落外，散落各地的牌坊、古墓、碑文、廟宇、書院、洋樓，走入金門，時光便無止境地倒流。

青嶼張氏兄弟洋樓
由菲律賓金門籍華僑張自然、張自吉、張自來、張自忠兄弟四
人興建，國軍於民國38年至47年借用。洋樓建築形貌採歇山屋
頂之五腳基洋樓，曾於八二三戰役時遭砲擊，正前方增建一四
合院，屬「倒座」建築風格，人員出入除自正面大門之外，須
自側邊另開通道，為民間防禦觀念之典型，2014年10月20日
公告為歷史建築。

碧山村陳清吉洋樓

陳清吉於十餘歲時，便由父親結拜兄弟陳紫車攜往新加坡「落番」謀生。因開設「八九行」雜貨店致富，於民國20年返回碧山興建二樓半的洋樓，主體洋樓為三塌壽式中西混合，正面楣樑有「Union Is Strength」（團結就是力量）的泥塑字樣，並有左右護龍。洋樓於國軍退守大陸時遭其佔用充作幹訓班，因此大門山門有青天白日國徽，左右有一對標語「鍛鍊強健體魄，完成復國使命」。洋樓於2005年公告為歷史建築，院子內有一株百年緬梔（俗稱雞蛋花），為縣府列管珍貴老樹。

鎮國將軍陳樌古墓

鎮國將軍為明朝陳樌，惟其墓穴位於舊金城古城村，此墓碑則位於小西門社區附近之金山路上。相傳其子陳忠亦為鎮國將軍，娶呂氏封為淑人。因此該墓碑為陳忠本人可能性極高，史學家推測「端肅」為陳忠之號。由於史書對「陳忠」記載極少，這座古墓是否為陳忠，且陳忠是否與陳樌有血緣關係，仍待考究。

　　大陸淪陷後，金門爆發古寧頭戰役、八二三砲戰，由於地理位置離大陸相當近，為了強化前線防禦與反攻大陸的考量下，國防部於1956年頒布「金門馬祖地區戰地政務實驗辦法」，全縣行使軍政一體、軍事與政治一元化的治理方式，最高行政的權力則在軍方，以強化戰備為目標，軍事工事襲捲全

莒光山莊

金城鎮內的莒光山莊是「金門縣民眾自衛總隊」的原址,戰地政務終止當年,自衛總隊也同時裁撤。山莊房舍作為移民署辦公使用,現移民署於水頭另建辦公廳舍後又遷出莒光山莊。

地址:金門縣金城鎮賢城錄3號

島。除了實施宵禁與戒嚴,居民不分男女,凡年滿16歲皆編入自衛隊,使在國軍正規防衛作戰外,實施民間防衛戰鬥的目標。

　　歷史源遠流長,卻又戰禍連綿,南遷的中原氏族,因環境因素出走南洋的僑民,使得金門兼具中西合璧、剛柔並濟的文化特質。讓世人最不可抹滅的記憶,就是它前線戰地的印象。久遠年代的遺跡,雖是不可多得的資產;歎為觀止、鬼斧神工的軍事設施,更是金門獨具特色的地景。軍管時期的民生型態

| 位於雷霆堡附近

| 中山紀念林內之碉堡

與商業活動，幾乎都與軍人密不可分。遊覽金門若能細心發掘，仍可發現不少當年軍民互動的蛛絲馬跡。如商店、招牌、標語、營區等。

解除戰地政務後的金門，成為國內另一個觀光景點。戰火已遠，島民邁向自由開放的生活。千百年來留下的歲月軌跡，數十年來封閉的神祕感，反而是吸引人們探訪的動力。文化部門更以其保存豐富的軍事及閩南遺跡，定位金門為世界遺產潛力點。金門百姓犧牲四十多年的自由，軍人長期戍守防衛，保住台澎金馬的安定與發展。金門卸除反共前線的任務後，這些歷史資產值得珍惜、緬懷，也是金門發展的寶貴資源。本書將以戰地政務時代背景為主題，帶領讀者深入探索金門的戰地風情。

II

戰地政務時期的金門

金門是兩岸衝突下的異數⋯⋯

原本擁有大片江山的中華民國，在八年抗戰後旋即進入國共內戰。民國38年，國民黨政府一路退守到台灣。中共軍隊追至沿海，當時福建廈門、舟山、金門、馬祖危如累卵。是年國軍進駐金門，並成立金門防衛司令部，以穩住金門在中華民國的版圖，中共軍隊在同年10月24日登陸金門，發動古寧戰役，意欲拿下金門。幸駐守舟山司令部的胡璉將軍率其部隊馳援，創下奠定兩岸分治基礎的「古寧頭大捷」。大陸國土劃歸中華人民共和國的統轄，中華民國僅餘台灣本島，澎湖群島、東沙島、太平島與金門、馬祖。

金門是中華民國所餘領土中，離大陸最近的一個島。東北角的馬山於海水退潮時，離中共角嶼不至二公里，因此被定位為「前線」。民國38年中央撤銷金門縣政府，將金門改列軍管區。自此之後，金門百姓不服兵役，但不分男女，滿十六歲即編為民防部隊，男性編為任務隊，女性編為婦女隊，未滿十六歲者編為兒童隊，各地民防隊皆隸屬民防總隊，亦即後來的自衛總隊。民國43年中共從廈門、蓮河、圍頭等地砲擊金門，爆發台海危機，金門隨後於民國45年實施戰地政務，並宣佈戒嚴，以統一前線指揮權。不論是軍區或戰地政務時期，縣政首長均由國防部派任，且均為軍人系統出身，金門進入長達四十餘年的以軍領政時期。

離大陸只有咫尺之遙卻未赤化，成了神州腳邊的中華民國「國土」，這豈非異數！

全民皆兵的時代，自衛隊員每人也有配一支步槍，家家戶戶也必須在房子牆上挖出槍孔，以備未來巷戰守備之用。早

期的自衛隊制服為卡其色，民國六、七十年代改為與陸軍類似的草綠服。自衛隊員平日作息與一般百姓無異，槍枝也由各地村辦公處統一保管。但遇演習、操演時，隊員穿上草綠服出操，這時常可見到背著五七步槍的「軍人」騎著機車飛馳而過，為的是準時趕上自衛隊的操演，當時真的分不清誰為軍，誰為民？

軍政合一的時代，部隊的演習民眾都要參與。其中最能表現軍民一家的演習是「雷霆演習」。雷霆演習並非對敵作戰，而是抓逃兵。金門當兵未必比台灣本島辛苦，但台灣金門間的電信並未開通，前線對外連絡不易，生活枯燥單調，如果服役期間遇上俗稱兵變的女友分手、家庭問題及情緒無法調適，阿兵哥的負面選擇有兩個：自裁或逃兵。任何選擇都是不智，自裁喪失了生命，未來的機會也沒了。金門是個四面環海的島嶼，逃兵除非身上長一雙翅膀，通常難逃被擒回的命運，逃兵在金門的刑責就是敵前逃亡。部隊一發現有人失蹤時，起初先動員全連搜尋，並層層上報師部。24小時仍無所獲時發布協尋專刊，並擴大到全師動員搜尋。失蹤72小時找不到人則全防區動員，且所有居民加入搜尋行列。由於搜尋逃兵勞師動眾，令人憤怒，故此演習命名為「雷霆」。動員的百姓以自衛隊員為主，需放下手邊工作、課業，手提長棍，離開家門，夜宿學校、村辦公處，直到逃兵被逮為止。

自衛隊操練嚴格程度不下於正規軍人，而且每年國慶閱兵，金門、馬祖男女自衛隊一定是踢正步或踩小碎步通過總統閱兵臺的明星部隊之一。金、馬解除嚴地政務後，居民兵役回歸制度，自衛隊也成了過往歷史。至於當初用來防衛用的槍

孔，也都填補起來，難以尋其遺跡。

數十年的軍區歲月，金門經歷古寧頭戰役、大二膽之役、八二三砲戰、九三砲戰，到單打雙不打結束後，即使在國共並未發動戰役的民國六、七十年代，海邊仍常聞砲聲隆隆。為了維持金門防衛的態勢，海岸線守軍不能放任中共任何船隻越過界線。但大陸漁船常越界捕魚，國軍就會開砲驅離。砲彈擊發雖是實彈，但不會朝目標射擊，而是對空或朝向船隻週邊，避免擊中船隻引發兩岸真正的軍事衝突。大陸漁船遇我軍開砲通常會識趣離開，若繼續長驅直入，國軍也會施以真正的砲擊，但這種情況在砲戰後期並不容易發生。

被劃為軍區的金門，駐軍最多時為民國四十年代的六個師，人數破十萬大軍。即使在戰地政務接近尾聲的七十九年前後，仍有四個師駐守金門，粗估軍力也有七萬之譜。在金門服役的阿兵哥，每個禮拜的「例假」只有四個小時，為了維持部隊防衛兵力，一個部隊拆成兩批分為上下午放假。軍方的例假日並非指週末及週日，而是除了週六週日及每週四的莒光日外，其他的星期日數，不同師有不同的例假日，例如金東師休每週三，金西師則休週一、南雄師則休週五……依此分別。由於例假錯開，所以每天都有軍人放假，每天街上阿兵哥來來去去。由於駐軍人數比縣籍居民多出一倍以上，軍人成為島上的經濟主力。

四個小時的假日放起來是很倉促的，早餐完畢出門前檢查服裝儀容、呈連長批假單、交待注意事項、分互助組大概就會耗掉快一小時。因此放假的軍人一方面休假無法跑太遠，大多集中在離營區最近，生活機能較好的鄉鎮放假。另一方面出了

營門也希望採最有效率的方式到達所要去的地點。因應軍人放假慣例的計程車業膨勃發展，每位司機幾乎熟稔各營區休假時間，阿兵哥剛踏出營門，門口早有「小黃」恭候多時。金門的計程車沒有裝計費表，但可包車共乘。費用依到達地點而有不同定價，價格似乎業者間已有協定，為「公定價格」。

四個小時的休假時間緊迫，而且收假只能提早回營，不能超過四小時。阿兵哥休假最需要舒暢身心，並採購生活必需品。提供軍人休閒、飲食及日用品販售的商店因應而生。在大多數阿兵哥的觀念中，金門這個小地方並沒有太多值得遊賞的景點，另一方面也是放假時間不長，想玩也跑不遠；此外在街上閒逛常有被憲兵抓違紀的風險。所以許多軍人放假喜歡找個地方待著，可以吹冷氣、打瞌睡及聊天。民間最常經營的是餐飲店，店內有舒適的桌椅、冷氣，除了供應午餐、飲料，飲食空間皆有錄放影機，不斷播放國內外電影。此外，有的店還會擺放撞球檯，在當時沒有電腦網路的年代，提供全方位的休閒。阿兵哥在這種地方一坐就是待到接近收假時刻。當然外出洽公的業務士，公事完畢還有餘暇時，也會到餐飲店消磨時間。

第二種則是綜合式商店經營，這些商店雖有其主要的經營項目，但為了吸引阿兵哥消費，會附屬經營其他項目。比如書店、文具店，賣的的確是文具、書籍，但有超過一半的空間賣生活日用品、軍用品、零食；比如藥房，看來有藥劑師、有成藥，但一樣脫不了附帶販售生活用品、五金雜物及軍用品。這種有趣的商店型式在金門大小鄉鎮村落比比皆是。

軍人放假會朝人口、商店街較多的地方集中，因此金門出

小金門湖井頭戰史館旁的雜貨店，營業項目一看就是綜合式經營的方式。

現幾個較大的商店區，金西為金城鎮中心區、以鎮西文康中心為主的頂堡、瓊林自然村；金東則為規模僅次於金城的山外、環島東路沿線的陽翟、沙美；小金門最熱鬧的地方則是東林村。這些地方還有電影院、提供軍人返台購買貢糖、金酒、一條根、紫菜……帶回當伴手禮的特產店、因為部隊常停水無法洗澡的私人澡堂、阿兵哥留影紀念用的照相館、陞官、退伍、生日贈送紀念品之用的禮品店，加上撞球室、鐘錶店……等等。這些市集商店齊全、人潮洶湧，彷彿是台北的西門、高雄的新掘江、台中的太平洋商圈。

　　但部隊駐地遍及所有聚落、社區，當時的軍人消費力相當大，因此不單是大鄉鎮有商店經營，小村莊也是「家家開店」。許多家庭只要擺個飲食攤、雜貨舖，再加上錄放影機、

| 每日都有阿兵哥放假，每天街道軍人比居民多。

撞球檯，就有做不完的生意。即使只有數戶住家的小農莊，每戶人家也都可以買到金酒、貢糖及日用品。只是這些店的規模就比不上那些大鄉鎮，飲食店最常見的型態就變成「冰菓室」，特產店也縮小變成「柑仔店」。但在軍管時代，「軍人經濟」養活了每一個金門家庭。由於商店服務人員多僱用年輕女性，以吸引阿兵哥上門，甚至與軍人發生戀情而能嫁入好人家。金門人常有「生男不如生女，生女養活全家」的說法。

　　阿兵哥哄鬧街市，每天整條街都是阿兵哥的情景，自然也常有憲兵兩兩成對行走其間抓違紀。憲兵如影隨形、神出鬼沒。但他們不能為了抓違紀擅入民宅。阿兵哥為了躲避憲兵走投無路時，常會闖入民宅，表明為了躲憲兵，而民眾也會體諒難處給予方便。這種闖民宅躲憲兵的情況成了軍管時期的特色

戰地政務時期的造林工作，阿兵哥面前一袋袋塑膠袋所裝為林務所撥發之樹苗，每棵樹苗都要種活。

之一。

軍人對金門民生的貢獻不只是消費。造橋舖路、挖掘水庫、協助農作也是軍方經常做的事。部隊在完成一個工程之後，常會以水泥塑出部隊番號與完工日期，所以金門許多道路、橋樑、公共建築常可找到當時軍人建設金門的證明，正是所謂的「軍民一家」！

部隊對金門最大的民生貢獻當屬造林。金門成為戰地之初，伐木煮鹽、鄭成功建造戰船抗清的過往歷史，致使島上林木砍伐殆盡。金門夏天烈日當空，陽光極毒；冬季則有強勁的東北季風，飛沙走石，人畜退避，方有風獅爺鎮風煞之民俗。國軍抵金，造林成為重點工作，造林樹種為木麻黃。造林工作的要求不下於作戰軍令，分配連隊一萬棵樹，要存活一萬棵；

發給十萬棵，就要存活十萬棵，少活一棵則連坐處罰。這種要求讓各部隊以奮勇殺敵的作戰精神造林，不出幾年，整座島嶼一片樹海，每條馬路皆為綠色隧道，金門因而博得「海上公園」的美名。

列為前線的金門，避免大陸夜襲，夜間的管制更形嚴格，「陣地關閉時間」與「燈火管制」便是限制軍民夜間行動的制度。因為是前線、戰地，離大陸又近，燈光會讓金門在晚上的目標更顯著，所以防衛司令部嚴格禁止燈光外洩。全島主要道路完全沒有路燈，營區的室外也沒有任何照明。室內所有軍民所用的燈具，尤其是天花板的日光燈，必需罩上內紅外黑的布料燈罩，窗戶則用全黑的布作窗簾。在山外、金城這類的「都會區」，有時需要一兩盞路燈指引道路，否則在人口稠密的地方，很容易發生人與人相撞與交通的意外。但路燈一樣要罩上黑布。燈火管制讓金門入夜後隱於無形，卻提供了螢火蟲夏夜飛舞的野外空間，以及銀河橫掛、流星成雨的美麗夜空。在夏季夜晚，螢火蟲不經意飛進家中客廳是很常有的經驗。而在月亮高掛的夜晚，當銀色月光灑落樹梢，又是另一番的戰地美景。

陣地關閉時間，夏季19時整，冬季18時整，也就是天剛暗下來時，非經核准，軍人不得外出離開營區，違者以敵前逃亡論處，居民則無此限制，但因晚上伸手不見五指，又有傳言中的「陸匪」出沒，居民也都深居簡出。雖然這些規範都是限制發展與自由，但也因此保護了金門的自然生態。在台灣已絕跡多年的的保育類動物水獺，在金門仍有相當數量的族群。只是一解除軍管，這些野生動物的生存也面臨危機。

戰地政務時期的閩南聚落，古典樸實，彷彿時光倒流，照片中之自然村為歐厝聚落。

　　前線的限制還有「管制品」、「違禁品」。金門的地理位置很容易收聽到大陸地區的廣播電台，為了避免被「統戰」，收音機被列為「違禁品」，不得擁有。所以金門各電器商店雖有販售隨身聽及音響，但都沒有收聽廣播的功能。

　　1979年5月16日，馬山連連長林正義突然不知去向，調查報告指出他身穿連長保管的救生衣，在大退潮時間泅泳到角嶼，後來證實叛逃大陸的林正義改名為林毅夫，這就是歷史上有名的「林毅夫叛逃事件」。事件發生後，金門所有助浮工具全列為管制品：救生衣、各種球類。球類是運動器材，學校體育課、部隊文康常會用到，但平常是洩氣存放，使用時才會充氣，這常徒增使用上的不便。

　　戰地政務時期的另一個限制就是限建，所有房屋不可高出

傳統閩南建築上優美的彩繪與泥飾

三層樓。由於擴建房屋受限，許多金門人索性不蓋、少蓋，傳統閩南古厝也多有人居住，因此金門的都市化發展很緩慢，反而保存了閩南聚落風貌，走進每個自然村，就像是時光倒流回到民初、清代一般。燈火管制減少了電線、電桿，每棟閩南古厝、洋樓都保有開闊舒展的天際線。

戰火歲月讓金門百姓躲避砲火成為生活常態，遠渡海峽到台灣求學、工作的金門人，返鄉之路一樣艱難。金門沒有常態的交通，出外人只能在過年期間，前往高雄軍港搭乘海軍軍艦，當碼頭萬頭攢動，為了爭取有限的船位時，那種愴然，也只有島嶼返鄉的人可以體會。

1992年金門解除戰地政務，治理權回歸縣政府，軍隊遠離金門，沒有陣地關閉、取消燈火管制，而台金之間的交通更為便利，金門風貌改變甚巨。許多軍管時期的文化也在時代的推移中逐漸消失。但戰地印象仍是金門傲人的文化資產，吸引人們造訪的動力。《走進英雄島》將以十八個章節不同主題的呈現，引導人們在已無硝煙味的金門尋訪戰地的氣息與風光。

自然村

從台灣前往金門的交通工具僅有民航飛機，原行駛高雄金門間的金門快輪已於民國95年前即停駛，目前除春節重大民俗返鄉節日，台中港有包船的金門快輪外，金門已無船隻載客。而金門自由行來說，抵達金門後，由於許多民眾開始重視活化祖厝，加上金門國家公園的推廣，金門古厝、洋樓民宿相當普遍，可做為在地住宿體驗的選擇，但由於自然村偏僻且道路錯綜複雜，且多處地區公車並無行駛，因此租用摩托車最恰當、方便。

III

軍民一家親

黑板報

國民政府遷台之初，緊臨大陸的金門並未淪陷。為保住這個彈丸之地，國軍倉促進駐。但由於缺乏營舍與設施，不得不占用民宅。之後在國防部與戰地政務委員會建設下，始有碉堡、坑道之規模。依據《金門縣志卷九・兵事志》記載，民國43年至48年期間，金門駐軍有六個師一個軍，此時期是兵力的全盛時期，人數破十萬人。民國60年至79年間，駐軍有四個師，加上防衛部兵力，估計人數也應有七萬上下。這麼高的駐軍密度，所需駐地數量相當大，島上幾乎每一吋土地都興建軍事設施，陣地、碉堡隨處可見，營區與聚落混雜並存的情形並不足為奇。例如四合院外的院子就是部隊的連集合場、閩南燕尾建築的牆面卻有連隊的公佈欄、防空洞更常見於自然村中的空地，巷弄路口。

　　由於是軍方執政，縣政府的功能與角色相對式微，民生需求也由駐軍完成。由於擁有超過一塊農地的農民，常有農地位置零散的情形，影響灌溉排水及農水路的配置。軍方也執行農地重劃，將所有零散農地集中，規劃「屯墾區」，重劃後立碑標示。現在看到這些標示，真容易讓人誤以為金門實施五代與唐初類似的府兵制。

聚落中部隊設置的公佈欄，許多因為部隊解嚴後裁撤，精實案與精進案實施裁撤大量兵力後，這些公佈欄也因失去作用漸漸剝落、字跡模糊了。

環島東路五段進入西村村子口一帶，便可看到民宅與軍營、防空洞雜處的特殊景象。

| 金東師部屏東與環島東路交叉路口的交管哨

| 南雄圓環交叉路口的交管哨

IV

精神標語、反共愛國標語

軍隊作戰，致勝之道，雖然兵力充足、戰術運用、將領沉著的指揮、智慧的應變是必要因素。但軍心、士氣更是重要關鍵。大陸赤化、兩岸分治的重要戰役「徐蚌會戰」，國軍原擁有優勢軍力，但共軍運用高明戰術在先，瓦解軍心於後，導致我軍一路潰敗，終退至台澎金馬。

金門在古寧頭大捷中倖存，讓政府痛定思痛，更知軍紀、士氣、信仰與心理建設之重要性。除了加強教育外，更在金門、馬祖每個角落廣設精神標語，以砥礪志節、堅定信念、鼓舞士氣。

民國38年國民政府撤守台澎金馬，當時三軍統帥蔣介石總統急於光復大陸，軍中宣揚「一年準備，兩年反攻；三年掃蕩，五年成功」的計劃。以當時情勢，國民黨政府並無法在五年內反攻大陸。之後金門經歷八二三砲戰、單打雙不打而屹立不搖，故總統　經國先生於民國47年12月2日，題字「島孤人不孤」於大膽島，成為日後牆上「標語」的先河。軍事化治理的金門，在當時收復國土的氛圍中，為了反共復國上激勵人心的需要，每個角落都樹立「反共」、「愛國」與振奮人心的「精神」標語。這些標語在軍營中不一定常見，反而是大量設置在民宅、道路擋土牆、圍環、碼頭地標等地點，傳統聚落中，閩南四合院的外牆常可見到這些以水泥塑成的標語，也是軍事融入生活的一個見證。

標語中最具代表性的語句可以歸為三大類：

一、反共標語：「殺朱拔毛」、「解救大陸同胞」、「消滅朱毛漢奸」、「雪恥復國」、「毀共滅俄」、「反共必勝」、「還我河山」……

二、愛國標語：「確保金門」、「復興中華文化」、「中華民國萬歲」、「以身許國，以校作家」、「讀書不忘救國，救國不忘讀書」、「實踐三民主義，光復大陸國土。復興民族文化，堅守民陣容」、「效忠領袖，復興中華」、「保密防諜」、「國家至上，民族至上」、「增產報國」……

三、精神標語：這類標語多在提振士氣，要求嚴守軍紀，如「愛的教育，鐵的紀律。軍令如山，軍紀似鐵」、「獨立作戰，自力更生。堅持到底，死裡求生。」、「莊敬自強，處變不驚」、「主義、領袖、國家、責

青嶼村67號民宅，骷髏頭是海龍的臂章圖案。

任、榮譽」、「新速實簡，樂觀奮鬥」、「守法、重紀、知禮、愛民」、「精誠團結」、「毋忘在莒」、「實行三民主義」、「日日求新，時時備戰」、「忠勤、樸實、責任、榮譽」、「抬頭挺胸，比肩齊步」……

標語的設立性質亦可以三段時期區分：

一、反攻時期：這段時期最長，民國38年大陸淪陷至民國70年，政府怎時無刻準備反攻大陸，所以標語幾乎是與消滅共匪、反攻大陸有關，最常見的是「消滅萬惡共匪，解救大陸同胞」、「殺朱拔毛」…，金門最有名的「毋忘在莒」、馬祖常見的「枕戈待旦」、「同島一命」就是這時期的產物。

二、攻守一體時期：民國71年至81年的10年間，政府雖然仍堅持反攻大陸，但台灣在民國76年解嚴，動員戡亂時期條款於民國80年終止，大陸政策也逐漸開放，我方已不採主動反攻態度，而以維持戰力為優先，備戰而不主戰，這時期的標語較具代表性的是類似鵲山教練場的「凝聚心力，精粹勁鍊，勇猛頑強，超敵致

誠實部隊

小金門九宮碼頭走北環道往黃將軍廟的路上,「中華民國萬歲」的大標語幾乎已成為小金門的地標,「誠實」是烈嶼師的部隊隊名,島上工事幾乎冠上它的名字。誠實部隊的前身是民國37年成立於青島的陸軍步兵一五八旅。民國39年經海南島轉進來台,整編為87師。民國40年駐守澎湖時改編為58師,直至民國47年參與金門「八二三」砲戰後展露頭角。民國48年改為前瞻師,58年「嘉禾案」改為重裝步兵師。民國65年改番號為一五八師,自此長駐烈嶼直到精實案施行整編為陸軍一五八旅。誠實部隊駐守小金門超過三十年,當地的防禦與建設幾乎由誠實部隊擔任,可謂功績卓著,對小金門奉獻最多的一支部隊。

勝」，或瓊林村內的「獨立作戰，自力更生，堅持到底，死裡求生」。

三、民國82年之後的標語完全放在提昇士氣之上，外島前線服役，苦悶而單調，加上既不反攻又不統一的曖昧態勢，讓官兵無所適從，為了堅定信念，標語多在振奮人心的性質，如「主義、領袖、國家、責任、榮譽」、「三民主義統一中國」、「親愛精誠」等。

西元2001年金、馬小三通開始試辦，金門縣執政當局卻大量拆除標語，其中反共標語因此滅失最多，愛國標語與軍方的精神標語尚有部分留存，如今除了后豐港、馬山一帶及環島北路后盤山一帶殘存的標語外，金門已不易發現這類時代的遺跡了。這些見證軍政合一、反共跳板的時代產物，原是吸引人們前來金門尋幽訪古的豐富資源，卻在官方顧忌大陸觀感下蕩然無存。未來金門還能發展什麼！

金門島上各處的精神標語與反共愛國標語

| 瓊林民防坑道外的精神標語

夏興的精神標語「毋忘在莒」不獨為太武山所有

后盤山的精神標語

陽宅的精神標語

小金門在九宮碼頭顯目的精神標語

小金門海水浴場附近的精神標語，很有戰地的硝煙味

金門縣畜產試驗所的精神標語

料羅閩南古厝牆上的精神標語

精神標語外，牆面還鑲有砲彈。此牆在屋主整修房舍時並未毀去，成為戰地特色。

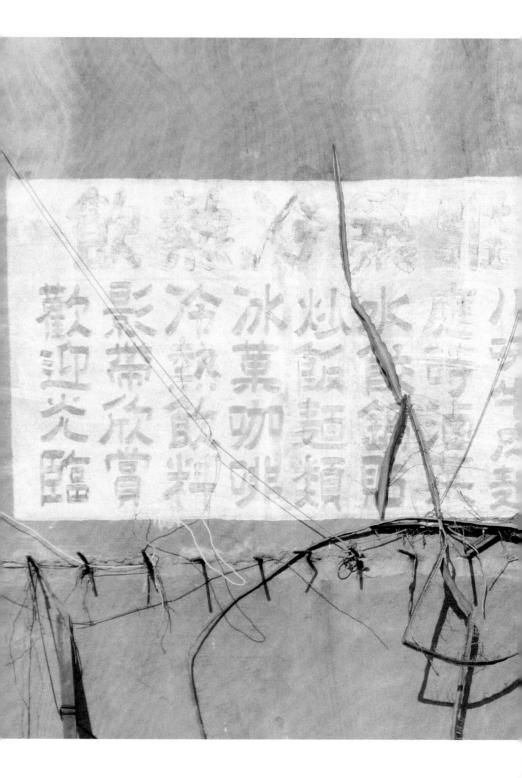

V 商店招牌

戰地政務時代，金門的人口約在4萬上下，駐軍人數則為當地居民兩倍以上。軍人不僅戍守前線，悍衛國家安全，也是當地最大宗的消費族群。當時每個阿兵哥一週只有四小時的例假，業務士則幾乎每天有外出洽公的機會。解嚴後，每人例假延長為一日。休假外出除了放鬆身心外，也趁機採購民生所需，軍人的消費性質是休閒中附帶生活需求的。在外島單調苦悶的軍旅生涯，休假的官兵多選擇進入有冷氣、放映電影的飲食店，常常一坐就是消耗整個例假日。光靠軍人的消費，支應全家開銷外，盈收尚足以致富。由於金門民居與部隊相鄰、雜處，當時的村落、社區民生特色為：

一、家家開店：即使是偏僻地區僅有數戶住家的小村里，家中也會擺個飲食攤、或雜貨櫃，供應附近出操的阿兵哥飲料、零食及午餐。

二、餐飲業搭配撞球室及錄影帶放映，為人口較集中之市區普遍的經營方式，如金城、山外、沙美、陽宅。

三、綜合式商店：金門的商店少有單獨項目經營的，招牌的主營業項目並無異樣，但會搭配特產、高粱酒、五金、文具……等，尤其軍用品更不可或缺。例如書店內書不多，貨架上卻擺了洗髮精、沐浴乳等清潔用品，甚至軍小帽、長筒皮鞋也是「書店」的商品。形成金門商店有趣的特色。

四、為軍人而設立的行業：照相館、浴室、洗衣店、背章電繡店。

　　戰地政務結束後，自民國82年「十年兵力精簡案」，金門現有四個師分兩個梯次實施組織調整，步兵師所屬四個砲兵營

併成三個，平均一個師裁撤一個旅二個營。接著國軍精實案、精進案實施，四個師縮編成四個聯兵旅，民國96年11月取消旅級單位，至今金門兵力估計應不足5000人。當年仰賴軍人振興全島經濟的時代結束，許多商店紛紛結束營業，不復見家家開店的榮景。

但金門當年的商店多為自家住宅經營，在沒有租金的壓力下，市區一些商店仍維持營業，過著「有一天算一天」的日子。那些不再營業的商家，仍有許多招牌未拆除，帶著「戰地色彩」的商業招牌，所留的電話區域號碼為（0823），後均為5碼，不同於民國87年後區域號碼改為（082），後面電話號碼改為6碼；招牌文字多為書寫，或較不精緻的噴漆印刷，營業項目搭配特產、金酒。

電腦不普及的年代，打字油印是部隊製作列印文件的方式，如果部隊裡沒有「打字兵」，就得花錢請外面商家製作。

源成文具書店

創辦人李文塊先生雖然國小五年級輟學，但求知慾強，喜愛閱讀。1956年年底，金門書報服務社老闆賭博欠債頂讓書店，北山同鄉李仲秋便與當時才16歲的李文塊合資連房屋都買下，經營「源成書店」。第二年八二三砲戰後，李文塊買下書店所有股份重新經營，並代理各出版社的書籍，以優惠的價格進貨給各地書店。當時金城、沙美、小徑、陽翟、夏興、成功約有18家書店因此而興起。源成書店除了有許多阿兵哥消費外，各師級單位也常大量訂書，隨著軍人消費增加，營業項目愈來愈多，軍用品、雜貨也變成營業項目，一天收入最高可達二十萬。目前金門買書的人少，部隊撤走後，大宗訂單也失去了。源成已交由李文塊姪子李錫源管理，但仍一本開店的初衷，書店門市搬到二樓，並未結束營業。

地址：金門縣金湖鎮復興路20號

照片沖洗、退伍定裝照拍攝是除了餐飲、錄影帶租售外，軍人另一個重要的消費。人口較集中的金城、山外、沙美、陽宅，照相館林立，山外頗有競爭力的相館有金龍、立林、伊士曼。金城則有一家金門攝影社，招牌以水泥雕塑字形、金門地圖及一匹金馬鑲在整面山牆，目前已停止營業，但店面外觀仍令人勾起戰地時代的回憶。

　　做不到了，只好改賣金酒。但從招牌的樣式及店面格局，可以窺見當年提供軍人拍退伍照、租借相機與沖洗照片的攝影社營業形態。）

在軍人人口相當多的時期，照片沖洗店在小聚落仍隨處可見，這是頂堡已停業的照相館。

金門攝影社

創業老闆謝心，廣東潮州籍，是游擊隊員的家屬，大陸淪陷時隨軍來到金門，並在麗娜照相館當學徒。民國46年成立「金門攝影社」，並僱用妻舅陳榮田為夥計，水泥雕塑的看板十分引人注目。由於戰地政務時期對相機管制相當嚴格，相機鏡頭需取得執照才能擁有。阿兵哥為了戰地服役的紀念，或是向家屬報平安，有許多人會去照相館照相，因此當時的店員常忙到沒時間吃中飯。陳榮田於民國48年前往后浦本照相館學習照片沖洗技術，民國73年才接手經營，這時金門的攝影行業競爭已相當激烈，生意不如民國四、五十年代。這個水泥雕塑招牌至今從未改變，在數位相機風行的年代，金門攝影社早已結束營業，但這個招牌具有歷史紀念價值。紐承澤執導的電影「軍中樂園」，在陽翟重建的場景中，金門攝影社也是復刻的商店之一。

地址：金門縣金城鎮東門里莒光路26巷2號

　　餐飲、小吃店在當時是商店的主流，偏僻的聚落則以雜貨店搭配餐飲的方式經營，內設餐飲，並放映錄影帶，目前老招牌在大金門消失很快，小金門還比較容易發現。非用餐時間，冰菓室、撞球間則是消磨時間的好地方。

料羅新興街
料羅是金門東南隅的一個小漁村，水頭商港未興建前，附近的料羅港是台灣、金門間船運唯一的出入口。村內駐守陸軍兩棲偵蒐營（海龍蛙兵），附近有新塘通訊兵基地，加上其他野戰部隊，為料羅帶來豐厚經濟來源。其中新興街為密集商店街，有冰菓室、餐飲店、特產店、五金行⋯應有盡有，附近軍人放假多流連於此，是料羅當年最繁華的一條街。

　　金門餐飲業雖是繁多，仍有幾家店口味獨到成為特色小吃，例如成功鍋貼、山外「談天樓」的湯圓、「喜相逢」的牛肉麵、江西的狗肉、陽明的水餃、山西拌麵……。山外「喜相逢」，刀削麵及牛肉麵在當時名聞遐邇，與他隔壁的「談天樓」湯圓齊名。

　　成功鍋貼店雖然慘澹經營，但名氣仍拜軍管時期阿兵哥的肯定所賜，來金旅遊的遊客仍會找上門來。這家小金門相當大的餐廳，以整面牆漆成招牌，以及代表金門不二標誌的金門地圖。

　　由於許多店面也是金門人自家房產，有的店面招牌索性以磁磚砌成招牌。或者在外牆以油漆粉刷店面名稱及營業項目。其他當年留下的商業招牌，最重要的特徵仍是5碼電話號碼。

成功鍋貼館

1932年生，家住成功的陳允南，父親讀過私塾，但日據時代染上吸鴉片惡習而敗光家產，古寧頭戰役後軍方恢復對金門徵兵，新婚的大哥抽中兵籤，父母只好讓陳允南代替大哥當兵。原本是三年的役期，卻因軍方疏失多服役兩年。退伍後靠耕田與牽罟度日。當時成功村住著一位曾參與抗日剿匪戰役的退伍老兵傅二友，因陳允南的後備軍人身分而結識，其好友李真宗為金防部的名廚，亦因常來拜訪而認識陳允南，於是從李真宗學得烹飪。1963年，陳允南租屋開始經營餐廳，店名「成功小吃」，從炒菜、麵食、鍋貼到水餃都有，，且一開始就生意興隆，到半夜還常有下哨的阿兵哥前來敲門光顧。1984年，陳允南另於現址購地建屋，並由兒子接手改名「成功鍋貼館」。由於已做出口碑，至今仍為成功有名的小吃店。

地址：金門縣金湖鎮成功99-4號

鴻美餐飲百貨

二十米長的街道是安民村，因為鄰近第二士校，加上週邊營區，軍管時期，這裡每天萬人空巷，兩側住家皆經營商店，如今只剩鴻美商店仍在營業，鴻美老闆呂添壽先生，為了方便遠在金西湖下的楊榮團先生放領公有地以實施耕作，冒著被司令部處罰的風險將戶口借楊榮團，卻因此獲得楊先生在安民的店面，經呂添壽刻苦經營，成為戰地政務時期安民村經營洗衣、繡學號、小吃及雜貨綜合大店面，店裡尤以炒麵最受阿兵哥青睞。在一次油麵用罄的深夜，為了滿足吃宵夜的阿兵哥，意外發明出大受歡迎的炒泡麵。金門撤軍後，安民所有的商店全部倒閉。但鴻美的炒泡麵仍受附近的上班族與遠來的觀光客喜愛，成為戰地政務結束後仍屹立不搖的少數行業之一。

地址：金門縣金湖鎮安民2號

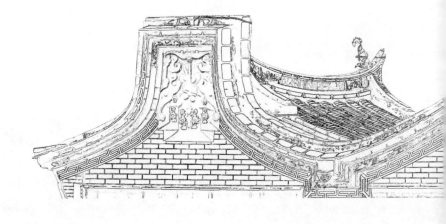

VI

前線防衛遺跡

| 大門題字「軍民一家」十分貼切

　　民國47年金門爆發八二三砲戰，中共44天的攻擊，發射近五十萬發砲彈在金門，卻無法撼動金門。砲戰之後二年（西元1960年），中共又發動較小規模的「六一七」、「六一九」砲戰，仍不能拿下金門。在不願放棄的心態下，改採「單打雙不打」策略，日曆單數日發射砲彈至金門，雙數日則停火。金門百姓的生活從此在躲避砲火的日子下度過。直至民國67年，單打雙不打才劃下句點。五十年的國家安定，二十年的家國血淚。

　　砲火頻繁而猛烈，躲避砲彈轟炸的防空洞成了每個社區必要設施之一。道路除了黃土路面的戰備道，其他車輛通行用道路不再以柏油舖設，而改以水泥做為路面，以防止路面因轟炸起火。水泥舖面在近五十年的軍管時期一直維持。

水泥舖面的道路原本遍佈全島，包括四條環島公路與中央公路。較偏遠的營區與鄉間，道路常常沒有任何舖面的。現水泥路面在大金門本島只見於后湖至榜林以及環島西路某些路段。

　　當時金門道路狹小，伯玉路僅有二線道。其他道路彎延曲折，成片的木麻黃樹林蔽蔭，容易使入侵者方向感凌亂。聚落佈置在建造之初，也因當時盜匪猖獗，巷弄走向輾轉迴旋。這種有如陣法佈置的道路特色，使得面積不大的金門島，呈現出更多的立體空間感。

　　解除戰地政務後，積極建設的金門不僅擴寬道路、開闢新路、原有彎曲的各種道路也拉直，公路、戰備道幾乎舖上柏油，現在已很難找到水泥舖面及如「八陣圖」般的道路網。

　　儘管陸上有這麼多防衛及欺敵的佈置，但能阻止敵軍進入才是最好的防禦。海岸線普遍埋設地雷，圍起鐵絲網設雷區以防大陸的兩棲偵搜人員「水鬼」登陸，利用廢棄鐵軌架設的軌條砦目的在阻止兩棲登陸艇搶灘，此外海防哨隨時針對靠近領海的「匪船」進行驅離射擊，本地居民也不得靠近。金門百姓雖生活在四面環海的花崗岩島，除了出海捕漁，從此遠離海濱。

　　雷區現已大量排雷，但是鐵絲網上那些三角形紅底白色的「雷區」牌子，常引起觀光客的震撼、舊地重遊後備軍人心中淒然的懷念。軌條砦則是金門獨一無二可見的海邊戰地風光，縱使海岸已經寧靜和平，那曾有過的砲火彷彿在軌條砦崢嶸而向的那方海洋，隆隆作響，遍佈海岸線的雷區。

　　這種雷區警告的三角牌示，在離島建設條例還地於民，以

及軍方排雷下，幾乎已見不到了。拆除下來的「地雷牌」卻變成金門紀念商品，以一片300至400元價格在各紀念品商店出售。

有的營區外面鐵絲網掛著空的飲料罐，有人越過鐵絲網時一定會鉤到鐵絲，觸動空罐噹噹作響。

金門海岸多為沙灘，有利搶灘登陸。除了廣佈雷區，其他地方就設立軌條砦。這是以廢棄鐵軌作材料，末端斜切，另一端埋入水泥底座，再立於海岸，排滿海岸線的軌條砦，登陸艇若強行登陸必遭刺穿。

在金門行車，會發現金門許多圓環，圓環中心由一個反空降堡構成。縱使海邊防務滴水不漏，仍無法阻擋穿越雲端的戰機。因此機槍堡、第二線砲陣地遍佈全島，有的堡必須建在馬路上，便與圓環結合，構成戰地景觀。

反空降也是重要的防衛工作之一，金門在造林後雖然樹木成蔭，但空曠的高粱田、小麥田卻是傘兵最容易空降的地點。於是軍方設立許多反空降三角樁在農田中，這是一個高約五米

尚義機場附近的反空降堡，是建在制高點的反空降堡

反空降三角椿挺立田中，每根距離10米至20米不等，更覺嚴肅。

的水泥柱，豎立田中，柱頂則插上三根金屬尖刺。若有傘兵選擇田地空降，就要有「屁股開花」的心理準備。

金門最讓人拍案叫絕的防禦工事應屬道路佈置，昔時為防盜匪，聚落巷弄曲折狹小。國軍進駐後所建的道路也屬於曲折、隱蔽，方向感混亂。加上成林的木麻黃，有的道路、戰備道甚至一時無法查覺它的存在。

環島東路五段、三多路、環島南路五段、金港路、柏村路五條道路交會的圓環，由於分出去的道路較多，每條路的植被外觀又極相似，稍微注意力不集中的人，轉一圈圓環後就搞不清楚自己要走的方向。戰地政務時，沒有設道路指示及路標，遇到這種交叉路常迷失路徑。

環島東路五段、三多路、環島南路五段、金港路、柏村路五條道路交會的圓環，讓人搞不清楚方向

　　道路隱於無形的最好例子當屬金沙鎮大地田埔水庫的叉路了，由環島東路三段或四段轉浦華路經東沙尾、內洋至大地時，若不細查，會直行至田埔甚至崖頭，渾然不覺左邊有一條叉路通田埔水庫，這條路至少五米以上寬度，也不算窄。如此巧妙佈置，可讚為：「凜凜出師表，堂堂八陣圖。」

　　結束戰地政務的金門，在道路擴寬、截彎取直及開闢新路的建設下，不僅毀了木麻黃樹海的隱蔽，也破壞了「道路陣圖」的迷幻、神祕。從地圖看，正常直行走的是埔華路，但很容易錯過岔路大山路而往崖頭去，之所以會如此，是因為該路段為下坡，周遭又有樹林遮蔽，行車過快便容易錯過。

左方是通往田浦水庫的道路，但若不仔細注意很容易就忽略，而直直開往崖頭。

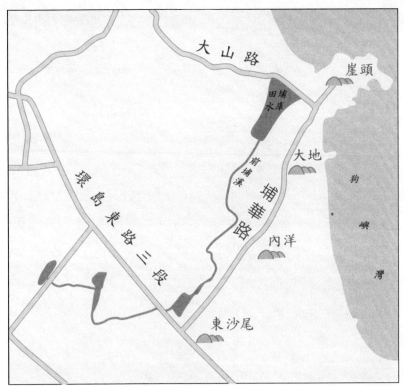

要從地圖上來看才能很清楚地知道方向

VII

戰地植物

金門在有住民之始，歷史的記載上，林木蔥鬱，水澤滋養，如海上仙境，故而在古名「浯洲」之外，尚有仙洲之名。但戰略地位屢為兵家必爭，因四面環海，而有鹽場產業。但小海島資源貧乏，古代煮鹽所需薪材必須自島上伐木取得，不出幾年，已童山濯濯、漫天飛沙。

　　國民黨政府退守台澎金馬，金門重要的前線角色使得駐軍積極建設。提高陣地、道路的遮蔽、並為了防風與防曬的民生需要，造林是當時的重點工作。民國40年開始造林，金門土地貧瘠，黃沙滾滾。抗旱、耐貧瘠、防風、生長快速的木麻黃幾乎是不二首選。國軍對造林的成功要求十分嚴格。樹苗由林務所供應。分配至各連隊的樹苗，數量皆有造冊登記。造林季節多選在植樹節（國父逝世紀念日），各部隊至林務所將樹苗以軍用卡車載回營區後，所有官兵便全力投入植樹工作，分配的樹苗都要種活，否則從輔導長、連長至營長皆連坐處分。樹苗存活要每日澆水灌溉，造林季節常遇金門的乾季，部隊常有缺水無法烹調三餐及沐浴的情況，但卡車常載運大水桶至民間買井水回來灌溉樹苗。這種「軍令如山，勢在必行」的連坐制度，使得木麻黃在短短幾十年佔據金門每個角落，全島一片樹海，遙望整片翠綠，條條道路皆成綠色隧道，「海上公園」美名不脛而走。

　　木麻黃細長的綠色枝條，隨風搖擺發出的婆娑之聲，對離家五百里苦悶駐守的異鄉人來說，常勾起心中深處的悲愴情懷。在資源短缺的年代，掉落無盡的枝條則是家家戶戶燒水煮飯的燃料。無論情感、民生，木麻黃在軍民心中都有相當大的意義。

| 木麻黃構成金門美麗的道路景觀。

| 道路旁，木麻黃地被層的蟛蜞菊。

　　木麻黃屬於陽性樹種，成林後有不耐遮蔽之虞，民國70年代，國軍以光臘樹為主要樹種進行林相更新，在木麻黃林下栽植光臘樹苗。種植的地點擴張到外圍道路，以及當時稱為參觀道的環島各主要道路。灌溉不易是主要問題，為了保持土壤水分，國軍再選擇蔓性的蟛蜞菊覆蓋地面保濕。這種菊科植物生長快速，且只要取下任何一段莖節就能扦插種植。造林工作漫長辛苦，為了績效部隊常實施禁假，當時的軍人因此戲稱蟛蜞菊為「軍中之花」。

　　木麻黃是戰地政務解除後受害最大的戰地特色之一。長期受到約束的金門人，心中只有「發展、建設」，任何阻礙建

蟛蜞菊（Wedelia triloba (L.) Hitchc.）

菊科（Compositae）蟛蜞菊屬（Wedelia）。原產於北美洲，因其可節節生根，且具覆蓋良好的特性，故引進為公路護坡、安全島分隔帶之優良植物。由於對台灣及金門地區環境適應良好，已歸化並生長於台灣平原及山野。

設的事物都要除去。建設需要空地，道路需要拓寬，於是占據土地以及道路兩邊的木麻黃被大量伐除。1999年中度颱風丹恩過境金門，颱風中心離金門西側只有50公里。因週遭林木移除，導致呈孤立狀態的殘存林木，幾乎不堪一擊，倒木橫躺路面，陸上交通中斷一週。「老化」、「衰退」成了木麻黃新的罪名，金門再度興起一波伐除木麻黃的浩劫。如今除了環島北路、馬山及小金門腳踏車戰備道外，金門再不復見綠色隧道。不僅居民的日常生活恢復過去的冬冷夏熱，「海上公園」的美名也大大失色，金門失去的不只是最大的觀光特色，情感的過往記憶也失去了。

金門道路兩旁也為了景觀考量更換不少植栽，蟛蜞菊分佈範圍也縮減了，但仍可在不少地方找到未遭剷除的蟛蜞菊，在整片翠綠中開著朵朵的小黃花。解除戰地政務後，木麻黃綠色隧道不見了，路邊蟛蜞菊也遭剷除，縣政府換上五顏六色的草花或變葉木，這只會增加養護費用，也失去戰地特色。

木麻黃原產澳洲，屬深根性樹種。多年生木本植物壽命百年、千年原是很普通的事情。但台灣多將木麻黃運用在海岸防風林，深根性的特性在30年時間一到，根系就會接觸到土壤中的海水，造成枯萎。於是就有「木麻黃30年即會老化衰退」的

夏日可見木麻黃的母株結實累累。

訛傳。觀察金門的木麻黃，造林至今40年，年年開花結果，林下也常發現小苗，並無老化衰退現象。若以景觀、民生考量，實在找不出比木麻黃更適合金門的樹種。

有刺植物常用在陣地、海岸線、碉堡的阻絕，首選植物是瓊麻、龍舌蘭、仙人掌及九重葛。使用率最高的當屬瓊麻與九重葛。在陣地外圍的界線上，瓊麻栽植在土坡上，九重葛則爬高填滿整個鐵絲網圍牆的空隙。

在戰地政務末期，部隊已經在進行林相更新的工作，採用樹種是光臘樹。它一回羽狀複葉平滑的葉面可以反射光線，軍方認為具有模糊碉堡、陣地輪廓之效而大量種植。林相更新尚未完成，金門即解除戰地政務，光臘樹與木麻黃同樣遭到砍伐的命運。

| 小金門北岸，與海防碉堡一同戍守的瓊麻。

| 中央公路旁，種植於崗哨上的瓊麻。

┃ 光臘樹一回羽狀複葉平滑的葉面可以反射光線。

| 光臘樹開花後於7月份的夏季結滿白色單翅果，掛滿整棵樹。

VIII

池塘、人工湖、濕地遍佈的金門

金門地勢平坦，除了丘陵等級的太武山之外，缺乏集水的高山。民生需要用水，高粱田需要灌溉，從台灣過來的十萬大軍更不能不喝水。此外，因應民防所需建立的戰鬥村，也在週邊挖掘池塘貯水備用。太湖、蘭湖、擎天水庫在尹俊司令官任內興建（民國54年3月15日至民國58年1月6日）；榮湖水庫於侯程達司令官任內完成（民國61年7月1日至民國64年4月1日）；金沙水庫、田埔水庫及瓊林水庫於李家馴及蔣仲苓兩位司令官任內完成（民國66年4月1日至民國70年12月1日）。民間也為了蓄水，在各地挖掘池塘、水井。有了池塘，就會有水生植物，水鳥也來棲息，金門珍貴的哺乳動物—水獺也有充足的棲地。如今，只能從鄉間小徑中無意間偶遇的水池、積水的濕地回想當年的水鄉。

金門最大人工湖「太湖」，常倒映太武山雄姿於水面，以景色壯麗著名，卻也有婉約之美。這種沼澤綿延、水天一色，木麻黃樹林中若隱若現的波光粼粼，成了戰地的美景之一。

古崗自然村與古崗湖，古崗是董氏家族聚集的自然村，古崗湖則為一座半自然半人工的湖泊，湖的週邊有許多古蹟，多與明鄭有關。湖邊獻台山有一巨石，有明魯王所題「漢影雲根」石刻，不過原真跡石塊已崩落於原址下方土坡，「根」字不知去向。民國59年，國人仿拓四個字於原址附近石塊。「漢影雲根」所在位置有一涼亭，涼亭後方另刻有「闢沌」二字，為鄭成功夫人董氏之叔董颺先所題，若仔細遊覽，可再發現「觀止」、「董子垂釣」等石刻。

眾多水庫中，有一水庫隱於太武山谷地，由於位於防衛部軍事管制區內，一般人不易窺得全貌。國軍進駐金門之初，經

太湖水庫絕美的夕陽

陽明湖是由軍方
的登步部隊於民
國八十三年七月
所建的，而這是
其紀念碑。

建造於民國七十年代的瓊林水庫，收集雙乳山的雨水，功能為農田灌溉。

悠游瓊林水庫的花嘴鴨。金門的人工湖、水庫、池塘，為生物良好的棲息地。

小金門的西湖。西湖與菱湖、蓮湖皆為濱海的蓄水庫，而西湖至陵水湖一帶是小金門著名的賞鳥地點。

過去「金門東閣採石場」在鵲山開採花崗石材形成一個大的凹洞,採石場停業後積水形成湖泊,現被民眾稱為鵲山湖。

瓊林水庫與伯玉路間的戰備道旁,藏於樹林中的池子,說明這裡曾是人工挖掘的蓄水池。

屏東文康中心與環島東路間被龍陵湖隔開,這個湖是天然或人工已不可考,但湖面靜謐安詳,與附近的「虎軍」師部成為強烈對比,照片中的白色橋是新建,有水閘門將湖一分為二,舊的橋則已淹沒於荒煙蔓草中,於民國47年春由忠勇部隊所建。

濟部金門技術小組勘測太武山北側及東側週邊之高坑、斗門、何厝、陽翟、蔡厝一帶聚落，由於地勢平坦聚水不易，田地大部荒蕪，於是於高坑附近山谷圍築水壩，並開鑿池塘五十餘個。工程於民國42年由武夷工兵部隊完成，故名武夷水壩。高6.8公尺、長10公尺，為擎天水庫之前身。

武夷水壩供水並不足以提供周邊軍民用水所需，先總統蔣公遂指示興建擎天水庫，工程由農復會指導、台灣省水利局工程師方英雄先生設計，由天山部隊興建，水庫於民國58年9月完工。水庫啟用後，武夷水壩便荒廢不再使用。

擎天水庫供應全太武山之用水，由於位於軍區，一般民眾難以得見水庫全景。金門解除戰地政務後，金門縣政府於太武山公墓入口北側設置金門植物園，即包含擎天水庫之水廠與水壩。擎天水廠位在金門植物最深處一處花崗岩峽谷盡頭，緊鄰於水庫之壩體基部，水廠為開鑿之坑道，並設防爆鐵門一座。擎天水庫則有「飲水思源紀念碑」鑲在水壩壩體，完工於民國61年。

IX

隨處可見的軍事陣地：
「三步一哨，五步一營」

敵軍近在咫尺，兩軍對峙牽一髮而動全軍。歷經古寧大捷、九三砲戰之後。考量金門彈丸之地承受不起這樣的攻擊，為預防空襲與砲擊，民國43年，劉玉章將軍指示所有軍事陣地逐漸導入地下。由於部隊繁多，海岸線全面建立哨所、砲陣地與坑道，內陸也遍佈據點。另為了防空的需要，道路要衝、圓環、空曠地區也建了機槍堡、碉堡。民國57年，防衛部遵循先總統蔣公「時時備戰，日日求新」之訓示。除正規軍人之作戰訓練外，民防也開始加強，民眾全面組訓，建立戰鬥村的觀念。全縣155個自然村，依戰術需要，考量人口、面積及地形，併編為73個戰鬥村。戰鬥村也同駐軍陣地一般興建地下坑道、射口及碉堡。

當時興建的地下坑道因沒有使用鋼筋水泥，大部分都已崩壞。防衛部嗣後便規畫重建，但因經費龐大，僅選擇戰略地位最重要的自然村為整建目標。瓊林因位於本島蜂腰部，若失守則東西兩半島之連繫將全面中斷，為共軍必攻之首要目標，因此整建自然村選擇瓊林為第一期工程，自民國66年開始整建。防衛部前後共整建出金城東門、金城西門、金城北門、金城南門、安岐、斗門、沙美、陽宅、山外、昔果山、頂堡、成功、賢厝、后盤山、內洋、上林、雙口共18個自然村。

全島皆兵的戰略，造就了隨處可見的軍事設施、陣地、營區、防空洞、機槍堡、坑道。由於大部分的碉堡、坑道為地下化或半地下化，雖有龐大軍力，部隊的作息卻隱而不現，在林木蔥鬱中，在曲折戰備道裡，浮動著殺機與鬥志。不管走到何處，那虎視眈眈的碉堡射口，或深淺難測的坑道陣地，讓人感受到戰地的蕭殺與神祕，而這種戰地特有的神祕感，一直是世人想一探金門的原動力。

金城民防坑道
全長2559.2公尺，開放參觀的部分為1285公尺，為金門縣政府管理經營。入口處設於金城車站二樓，出口位在金門高中外牆。走完全程後須再沿民權路接民生路走回金城車站。

據點標示。

　　如今隨著部隊精簡，金門駐軍已不足五千人。國防部配合
裁減駐軍，將多餘的營區釋出。釋出的營區除了金門國家公園
及縣政府接管外，幾乎走向拆除的命運。被公部門接管的營區
雖經重新整修規畫，做為觀光資源。但那份「不動如山、難測
高深」的神祕感也失去了。金門現仍有一些營區尚未釋出，但
因沒有部隊駐守，國防部以鐵柵門封鎖任其荒蕪，令人備感物
換星移、不勝唏噓。

上：后湖自然村附近的迷彩建築，這種不大不小的規模，應該是做為伙房
　　（廚房）用途。這個營區已經拆除，倖免於難的伙房被納為公園綠地的
　　一份子。

下：場地名牌字跡模糊的碧山靶場。外觀荒廢，可能部隊再也不在此訓
　　練了。

儘管如此，金門各地「殘留」的軍事遺跡仍值得探索，在道路旁、在荒煙蔓草中、在聚落裡，那盯視敵情的碉堡射口、那堅定屹立的崗哨、保護居民免於砲擊的防空洞……都曾見證金門走過的戰火歲月。

　　金門大學選擇四埔林場作為校地，不僅消滅了林場內一萬二千棵木麻黃，附近廢棄營區也在整地修路過程中消失，遺留的照牆如同孤墳的墓碑，凄涼佇立（如下圖）。四埔林場是胡璉將軍任司令官期間（民國46年7月1日至民國47年10月31日），與林務所同時設立的三個林場之一。

　　金門三步一營，五步一哨，所以不管是大馬路，或是羊腸小徑，哨所、營區常能不期而遇。

| 環島北路，一個利用擋土牆建造的哨所坑道。

| 海邊的羊腸小徑，信步走入常會發現海防哨所，嚴密守住海岸防線。

金門「213事件」

環島北路這段擋土牆樣貌的營區，是半隱藏地面的RC結構伏地堡，為后盤連駐地的中山室與餐廳，由一段大約二十公尺的長坑道連接，餐廳另有一扇對外的濾毒通風門，平時並不對外開放，人員皆由中山室的坑道來往於餐廳。后盤連於民國西元1982年2月13日發生部隊管教不當慘案，死亡人數超過10人。后盤連屬於當年的輕裝師「金中師」146師，146師組成兵員多來自大陳島部隊、國共內戰後招募的浙東各島游擊隊舉民兵，他們未受過正統軍事教育與訓練，素質不佳也不易管教，老兵指揮新兵的「學長制」風氣非常興盛。雖然國防部訂有軍官輪調制度，以防軍隊叛變，但146師的兵實在太難管教，且輕裝師的編裝不足，有背景的將領多透過關係不輪調至金中師，導致金中師長期軍紀敗壞。146師從大陸撤過來的老兵因為被管制退伍，到了民國60年代全部晉升為士官長，造成全師基層士官超編，導致全師的士官訓停辦20年。這些上了年紀的士官長因體力漸衰，領導權力開始下放軍中資深的老兵。1976年，陸軍總司令馬安瀾將軍將146師三百多名單身的士官長除役，安置榮民之家，以解決146師的軍紀問題。但老兵取代士官的游擊隊作風卻已根深蒂固，並埋下日後「213事件」的禍根。

事件主角吳姓士兵是台東縣金鋒鄉排灣族原住民，8歲時父親離家失蹤，國小二年級時輟學協助母親照顧兩位胞妹。因此吳姓士兵既不識字，國語也說的不好，直到15歲才隨外國傳教士學會羅馬拼音。吳姓士兵與一般原住民不同，沒有抽菸、喝酒的習慣。1982年1月，吳姓士兵入伍分發至146師五營二連，也就是后盤連。不到一個月的時間，連上老兵因他原住民身分，不但以「山地人」的鄙視稱呼叫喚，且動輒凌辱毆打，站衛兵時常被老兵脫哨，以致從晚上12點站到天亮。2月13日是一個天氣濕冷的日子，吳姓士兵被老兵連續脫哨三天，精神、

情緒都不穩定。下哨後向安全士官佯稱衛哨口的老兵因不願淋雨，請他代為領槍給『學長』上哨」。由於146師新兵幫老兵領槍上下哨風氣極盛，安全士官不疑有他，便交給他三把M16步槍。吳姓士兵拿了槍卻往餐廳走，並大喊「報告輔導長，我要申訴！報告輔導長，我要申訴！」此舉反引起用餐的二十位士官兵大笑，以為只是惡作劇，王姓連長更怒喝吳姓士兵，叫他「滾出去」。精神狀態十分渙散的吳姓士兵怒氣上昇，一陣扣扳機動作，所有人才查覺異狀，值星的陳姓排長上前安撫，吳姓士兵便放聲大哭，口述委屈，但因不諳國語口齒不清，王姓連長不耐煩地下通牒要求吳姓士兵離開，並從十倒數到一，終於激怒吳姓士兵，他連續掃射，陳姓排長首當其衝，腰部中彈多發斷成兩截，大部分的子彈都射向鋁製豆漿桶，形成蜂窩狀的彈孔。但M16步槍火力強大，跳彈不只一次，現場豆漿混著血水，慘不忍睹，當場有七人當場死亡，送花崗石醫院後又死兩名，八人傷勢過重後送台北三總，後續死亡人數不詳。吳姓士兵共擊發四十多發子彈，然後跑到餐廳與中山室間的通道，將槍頂著下巴扣發扳機自裁，但因身材矮小，槍口歪了，子彈從下巴穿過左耳貫穿後腦，臉部全毀。倖免於難的目擊者大多驚嚇過度，沒有人看到吳姓士兵動向。現場傷患都被脫下軍服急救，吳姓士兵因面目全非，被混在傷患中一起送醫。連上以為他已攜械逃亡，導致警衛排及憲兵到處搜捕逃兵。但數度清點人員槍枝發現並未短少，直到政戰官拍攝血衣照片時發現吳姓士兵姓名，才查出他混在傷者中住進花崗石醫院，並由指紋確認身分。吳姓士官雖然身犯殺人死罪，但卻軍方以「匪諜滲透國軍」定罪，判決書提到吳姓士兵坦承有吸膠惡習，長期收聽匪偽廣播，並隨時製造軍中暴亂。由於吳姓士兵語言功能已喪失，加上不識字，無法為自己的罪行辯駁，於同年5月1日在金東碧山靶場被槍決。雖然他犯的是必死之罪，但以偽造罪名方式掩飾軍隊過失，則是當時情治單位賴以生存的手法。

從田墩附近路旁擋土牆的方型射口可以看出，內部有軍事坑道。

這種低矮、完全地下化的碉堡大都作為彈藥庫。

上左：有時遇見軍用機車，也有部隊如影隨形的感覺。

下左：有些廢棄的陣地可以無阻礙地進入，內部軍用標語令人警肅。

下右：金門有許多「禁區」，大都是金門防衛司令部的駐地，除了防衛部的駐軍外，一般人民及其他師部的所屬官兵也難越雷池。

清運車輛
由此前進

前線的後勤補給為預防攻擊，需快速、隱密進行，所以多選在晚上。後勤補給是接收運送從台灣過來的物資，從吃的白米、罐頭……到用的如水泥、木材都有，執行任務的是金門駐軍，由司令部輪流指派各連隊進行，任務稱為「岸勤」。岸勤是接收軍艦運過來的沙灘或碼頭的物資，也叫搶灘，搶灘後再由車輛送至內陸，這整個流程稱為「清運」。為使清運路線順暢快速，車輛有一定清運行駛路線，進出走不同道路，且為單行道。新頭與料羅是岸勤工作的地點，在環島南路五段新頭附近可見到「清運車輛，由此前進」的水泥立牌。

「散兵坑」除了曾經當過陸軍義務役的人之外，大部分的人對這個簡單的工事並沒有概念。它只是一個看似尋常的土坑，但當過步兵的人都挖掘過自己的散兵坑，作用在伏擊與掩護。形狀為馬蹄形隆起的半坑洞，多位在營區阻絕線兩側或營區附近的備道旁。

海龍部隊是金門直屬陸軍的兩

忠烈祠旁有劉雨成將軍雕像，劉將軍為海龍部隊早期的領導人，有「海龍王」之稱。

海龍湖上小島的忠烈祠。

樓偵搜營部隊，也就是俗稱的「海龍蛙兵」。其中溪邊為海龍營區之一，位在環島東路旁，與村落混雜，且以在金溪橋下的天然池塘作泳技訓練場所。海龍蛙兵需潛入大陸地區進行偵防或突擊，這種工作危險性遠高於金門本島的駐軍，常有人為國捐軀，因此池塘邊有紀念這些犧牲的蛙兵所建的小型忠烈祠，雖小而簡陋，已足慰英靈矣。

　而海龍蛙兵在溪邊訓練泳技的天然池塘，部隊阿兵哥俗稱「海龍湖」，由海龍湖往環島東路叉路口右轉所見左邊的「溪邊社區活動中心」，為海龍營區舊址，營舍外牆原有水泥鑲字「浪裡白條，海底蛟龍。神出鬼沒，共匪喪膽」，為海龍著名教條。兵員裁減後，溪邊已不再駐守海龍部隊，原有營舍釋出拆除，改建成為仿閩式建築的社區活動中心。49頁照片，青嶼村67號民宅牆面的骷髏頭，正是海龍的臂章圖案。

Ⅹ 隨處可見的訓練場地

| 鵲山教練場外的環島東路路邊，有軍管時代建構的「5000公尺起點」石碑。

　　練兵整備為部隊必要之操課項目，體能訓練、槍枝射擊為軍人必須具備之戰技，因此靶場在當時的金門相當多。五項戰技：五千公尺徒手跑步、基本射擊與排戰鬥、手榴彈基本投擲與野戰投擲、刺槍術，除了利用部隊周邊的道路、營區集合場做為訓練場地外，師部與防衛部進行測驗時，也需要有較大型的場地。因此金門建有四大教練場，分別為金東師的「鵲山教練場」、南雄師的「前埔教練場」、金西師的「中心教練場」，以及烈嶼師的「東林綜合運動場」。這些教練場面積廣闊，皆有司令台及標語，又建於道路旁，因此很引人注意。除訓練外，凡師級以上之集會，均在教練場中進行。

　　目前仍在使用之教練場為鵲山教練場與中心教練場，東林綜合運動場在軍管時間原就是提供軍民共同使用之場地，則

烈嶼綜合運動場

中心教練場位在環島
南路上，后湖附近，
內有「軍紀如山」、
「軍紀似鐵」、「愛
的教育」、「鐵的紀
律」四大標語。

位在碧山村口的碧山靶場，及其字跡模糊的碧山靶場字樣。

已移交鄉公所純粹做運動場地，前埔教練場則已毀壞變成砂石場。而原本遍佈全島各角落的靶場，也拆得只剩幾處。

　　鵲山教練場位在鵲山圓環至金門縣林務所之路邊，一座司令台，與「凝聚心力」、「精粹勁練」、「勇猛頑強」、「超敵勝敵」四大標語。

　　除了射擊、五項戰技，核生化訓練也是不可免的。在金門國家公園管理處西側的樹林，有一處營區隱藏其中，由於營舍建築灰暗單調，即使明顯與金門大多數地下化碉堡陣地大為不同，也不易引人注意。但仔細察看，營舍建築頗似一般民房。該營區名為「賈村」，為國軍訓練核生化作戰與住民地戰的場所，營舍建築佈置模擬真實的村落，故以「假村」諧音「賈村」名之。

賈村內模擬民房的軍事工事。

　　賈村何時興建並無文獻記載，其營門衛哨邊原有一鐵製告示牌，上書「賈村核生化暨住民地戰教練場」，惟隨著營區荒廢該告示牌已不見，大門口遺有石碑寫著「駐地專精管道，住民地訓練場」。要一探賈村，可自伯玉路二段東林汽車保養廠對面叉路進入，路口擺放一座高約五米之鐵製孔龍藝術品可為識別。

　　金門另有內洋核生化訓練場與建華核生化訓練場，內洋已在解除戰地政務初期便拆除。

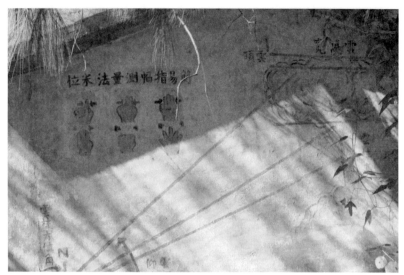

賈村內字跡逐漸模糊的核生化訓練圖。

賈村教練場使用規範。

賈村教練場使用安全規定

一、野外操作煙幕罐時，四周不可放置易燃物質。

二、賈施放器罐及測試前，須先實施「確實測試」每組進入測試室之人數不可超過五員。

三、教官需先宣導安全規定及注意事項。

四、訓練場地應開設急救站，醫官及救護車常要在場。

五、學員應聽從教官及助教指揮，依序走出測試訓練室。

六、野外操作煙幕罐時應挖掘煙罐坑，使用完應將煙幕罐置入坑內，並以水澆熄及用泥土覆蓋，方可離開。

七、操作各項化學器材前應確實作好安全防護。

八、嚴禁向攤販購物。

九、欲請維護場地安全。

十、常於場地四周做好人員管制。

建華核生化訓練場。

建華核生化訓練場內有一教戰亭，應是執行訓練之領導幹部訓話之處所。

XI 戰地政務與民生、育樂的依存

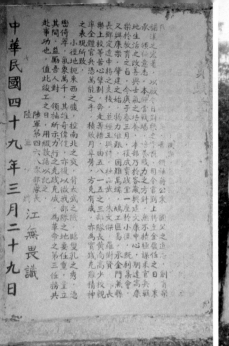

左：「實踐堂序」，詳述戲院興建歷史。
右：小徑文康中心內，原名實踐堂之戲院，後改名為中正堂，是一個軍中電影院。

　　一切建設以國防為主，龐大軍力的生活所需也要兼顧。雖然民間已經經營各行各業提供軍人消費、休閒的行業，但國軍在生活育樂上的建設也不缺乏。國軍營站的設立，提供軍人優惠價位的日常生活消費，營站經營與現在的超級市場類似，軍民皆可進入消費，但軍人則有較低廉的價格優惠。位在山外的910營站，後改為「國防部合約商店」。是規模相當大的營站，但因為建築物結構已有嚴重損毀，目前已拆除。

　　相對於營站，軍方也設置比營站規模更大的消費設施—文康中心，除了商場，另有餐廳、洗衣部及理髮部，當時金門有五個文康中心：屏東、鎮西、小徑、南雄及烈嶼文康中心；在

上右：中正堂的電影票售
票口。

中：小徑文康中心的中
興飲食店，是官兵
休閒用餐的地方。

下右：金西師的文康中心
名為「鎮西文康中
心」，在該文康中
心與營站前有道風
格迥異的紅白色圍
牆。

龍陵湖畔的屏東文康中心屬金東師、鎮西為金西師之文康中心，位在頂堡、小徑則是金中師文康中心，民國73年金中師因「陸鵬四號案」生效返防台灣，原師部改由金西師一個旅駐守。烈嶼文康中心則屬駐守小金門的烈嶼師經營，位於東林村郊外。

烈嶼文康中心取名「思德樓」，其環境清幽，布置像個公園，還有心理衛生中心，也就是部隊裡的「趙老師」。

「虎風山莊」內有護旗勇士雕像，紀念八二三砲戰期間，共軍砲擊大膽島國旗，守軍英勇，每折斷一支旗杆，就再立一

南雄師的文康中心今昔比較
左：尚未荒廢前、右：埋沒草叢中

思德樓為烈嶼師的禮堂，是集會與文康活動的大型場所，功能同等於金東電影院、小徑的實踐堂

烈嶼師的趙老師中心，輔導官兵心理，協助釋放壓力，功能與民間的「趙老師」類似

烈嶼文康中心旁的904營站，又名「虎風山莊」。

支，共連續立18支。共軍因此懾於國軍威勢停射。雕像底座節錄先總統蔣公「民生主義育樂補述」兩段訓詞。

　　除了文康中心，軍方興建的電影院也是文康設施之一。這些戲院或文康中心的電影院，不只提供軍人育樂所需，也服務一般金門民眾，金門日報上的電影上線廣告提供軍方與民間電影院線電影，雖然各電影上映時間皆在台灣下片後。

　　民國五十年代，電影進入金門，「金沙戲院」是當時官民合資興建的電影院，也是沙美的地標。解嚴後，隨著資訊時代的來臨，電影產業沒落，加上沒有軍隊來消費，金沙戲院已成一棟空屋。

　　許多公園、遊樂區也是駐軍所建，公園名稱不脫軍方、威權色彩，如小金門的「介壽公園」、太湖的「中正公園」、現做為金門國家公園管理處的「中山紀念林」。

金門日報的各院線電影上映訊息

金沙戲院留下的斑駁牆面告示

| 海天林園亭

　　陽翟的涼亭「海天林園亭」，亭名草書由九宮部隊薛仲述
所寫，為抗日名將薛岳的表弟；亭柱對聯「致此磨刀揮劍日，
毋忘牧馬放牛時」出自金東第11師師長劉鼎漢將軍；至於亭簷
內的「海天林園亭序」則由九宮部隊長華心權手書，全亭完成
於民國41年。雖為軍方所建，也村民休憩乘涼的好去處。

　　因為軍人消費的需要，比其他行業更具特色的是禮品店。
在山外以「國泰」、「獅子林」兩家最為有名，它們除了販售
布偶等紀念品外，與台灣禮品店最大不同的，當時還販售來自
大陸的茶葉（如碧蘿春、白毛猴、武夷茶……）、景德鎮瓷
器。為了提供軍人退伍、榮陞紀念，指揮刀、紀念書鎮、牌匾
也是店內具有特色的商品。現今兩家店都因為軍人大量銳減，
而處於半歇業狀態。

金永利製刀舖

金門經歷二十多年的砲戰及單打雙不打時代，土地上落彈無數，撿不完的鋼製彈殼成了製作菜刀的上好材料。「金門菜刀」的堅硬、銳利，使其與高粱、黃魚、一條根等金門特產齊名，位在金城鎮後埔街的「金永利」製刀舖是當時最負名氣的刀舖，駐軍攜帶「金門菜刀」返台當伴手禮幾乎購自這個刀舖。台海平靜已超過三十年，砲彈殼也被撿光，至今「金永利」仍堅持製刀技術，默默在鎮內貞節牌坊下經營，為了這個經歷戰火的產業穩住地位。

金永利製刀廠，地址：金門縣金城鎮莒光路一段30號

這個招牌走過戰地政務時代，在民主時代的金門，仍要繼續走下去。

獅子林禮品店兼經營餐飲、電影院,現已半歇業。

烈嶼東林市場為虎軍所建,虎軍就是北伐、抗日、古寧頭砲戰屢建奇功的金東師。

　　在百廢待舉的民國四、五十年代,軍方幾乎擔起許多民生建設,如市場、農地重劃……

　　民國78年台灣已解嚴,金門則處於戰地政務的尾聲,國防部仍是農地重劃的工作的指導部會之一。

　　軍方協助農業的重大建設之一是田墩海堤養殖區。位於金沙水庫出海口,因波濤平靜,富含汙泥有機質,民國70年至72年間,分別由兩任司令官許歷農及宋心濂將軍指示築堤興建田墩養殖區,一方面輔導青年創業,一方面海堤具有軍事阻絕效果,民國72年4月破土開工,民國74年興建完成。

　　在戰火的年代,醫治傷兵、後勤支援是必要的措施。當時金門軍醫院為主要醫療系統,原為民國39成立於舟山群島的「陸軍第五三醫院」,後改名「陸軍第八三〇醫院」。民國67

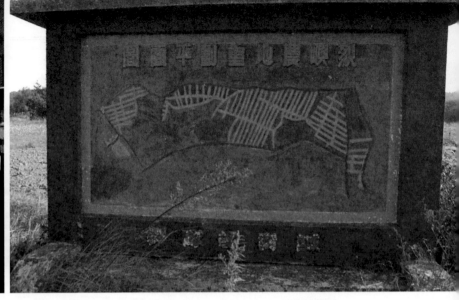

烈嶼農地重劃平面圖，執行的仍是對烈嶼貢獻最大的誠實部隊。

年，為因應戰備地下化，國軍於夏興太武山麓挖掘山腹建造一座地下野戰醫院，歷時2年完工，由行政院長蔣經國先生命名為「花崗石醫院」，除了因它建於花崗岩層內，亦象徵國家堅固如磐石，永遠堅強屹立，不受風霜欺凌的耿介志節。

當時建於花崗岩層內的野戰醫院尚有南雄醫院及小金門的九宮坑道醫院，二者皆為師屬三級醫院，花崗石醫院層級較高，為四級醫院。另外，其他軍醫院尚有金西師的東沙醫院及金東師的長江醫院。

國軍精實案、精進案實施後，國軍大量裁撤，連負責軍醫院的後勤單位也在民國95年移防返台，所有軍醫院無以為繼。花崗石醫院當時曾規劃由署立醫院接管，卻因病患大量減少，衛生署在「一縣一公立」的原則下，由原為金門衛生院改制的

田墩海堤面海處亦修鑿哨所，附近路旁可見碉堡。

縣立金門醫院升格為署立醫院。花崗石醫院從此走入歷史，東沙醫院也全部拆除，不留一片磚瓦。

當然，軍方協助造橋舖路、興建碼頭也是不可少的建設，許多橋樑常看到部隊的題字。軍方包辦食衣住行，小金門的濱海大道就是「行」的一例，雖然這條道路原是為了戰車防衛使用。而環島東路五段溪邊附近，海龍湖上的金溪橋為雄獅部隊所建，亦是軍方貢獻「行」的例子之一。

長江發電廠位在太武山地區，是軍方興建的四大發廠之一，由長江部隊（金東師）興建。電廠深入山腹，屬戰地坑道發電廠。民國89年塔山電廠完工運轉後，軍方所建電廠即卸下任務，今發電廠已作為酒廠貯酒用的酒窖。

小金門野溪更少，島小地勢起伏，留住雨水更為不易。誠實部隊也肩負興建海水淡化站的任務。

軍方與民眾生活依存的另一例子，就是軍郵局。當時金門

花崗石醫院

在精實案、精進案過程中,國軍軍醫系統也在民國94年時撤出。原擬將院區撥交現今衛福部金門醫院,但在維護經費來源無著落下,曾改編為「行政院衛生署台北醫院花崗石分院」,經營不久後又解編。也許是優良醫師不願來到金門,也可能是金門醫院山外院區已足夠使用。花崗石醫院最後撥交金門酒廠,卻閒置至今。它與金門曾有過的那段醫療歷史也為之中斷。

海龍湖上的金溪橋　　　　　　　　　　　長江發電廠

郵局僅有軍郵局，功能、服務與一般郵局相同，唯獨服務人員皆為軍人，且不提供跨行ATM提款轉帳服務。解嚴後軍郵局也走入歷史，全部併入中華郵政經營，但山外郵局牆上留下的「軍郵局」三個金漆大字，仍為它曾有的任務留下完美的註記。另一個可尋的軍郵局遺跡位於料羅，在金港路甫進入前，左邊一棟約15坪，墨綠色外牆的建築，便是料羅軍郵局，現已荒廢。

　　金門、馬祖實施戰地務後，貨幣也只限在島內流通，因此紙幣上印有「金門」紅色字樣，只有在金門才看得到。

上：誠實部隊興建的海
水淡化站
中：山外軍郵局
下：限金門流通的貨幣

XII

心戰喊話呼喚來歸的義士

守備作戰、民防作戰皆是應付共軍來襲所做的防衛性或攻擊性戰鬥措施。「勸降來歸」則是鼓動敵方將士、百姓投奔自由地區的另一種心理作戰方式。由於金門距離大陸只有一、二公里遠，廣播很容易讓對岸百姓收聽到。國防部播音總隊在民國43年於馬山、烈嶼湖井頭及大膽島設立喊話站，裝設中型擴音器。民國48年由心戰總隊接管廣播電台工作，成立「光華之聲金門廣播電台」。

　　馬山、湖井頭兩個播音站已由金門國家公園接管，目前也不再行使心戰廣播的功能。馬山播音站後方的坑道入口，如今也因為駐軍撤離，坑道而荒廢了。現在，一切只能從展示的各項設備去緬懷。

　　馬山觀測所，除了監看大、小嶝、福建沿海之外，當年還提供貴賓就近觀測大陸「鐵幕」之用，並有精心遴選的阿兵哥做為解說員。

馬山播音站後方入口，如今 ｜ 馬山觀測所，為監看大、小嶝、福建沿海之用
坑道已荒廢了

民國56年，國軍於古寧頭增設喊話站，建造具有四十八組揚聲器的播音牆，每組揚聲器皆可將聲音傳達至二十五公里遠。每日對廈門、泉州大陸同胞實施播音。

　　除了廣播，國軍還利用海漂、空飄將心戰喊話傳單、口糧、年節禮品傳送到大陸。撿拾到的人可以直接閱讀其中的宣導品，物資可以提供生活所需，引得大陸民眾爭相拾取，更可影響其對台灣富足及民主生活之嚮往。執行空飄任務的單位是位在金湖鎮黃龍潭三鯵橋旁的光華園（光華基地）。

　　廣播電台、海空飄作業雙管齊下，自然會有嚮往自由的大陸義士來渡海來歸。為了接待投奔的大陸同胞，民國56年於環島東路四段興建「大陸義胞接待站」。乍看這棟紅色大門，四面圍牆的一樓平房，不知情的人以為是一般尋常民宅。大門上原有「大陸義胞站」字樣，由於時代變遷，義胞站已失去其功能，現在充當收容烏坵鄉小坵村居民的臨時房舍。

| 古寧頭播音牆

以前實施空飄工作的光華園與其中的心戰資料館

心戰資料館的内部陳設

負責空飄氣球充氣作業的氫氣廠如今變成金門酒廠的酒窖

環島東路四段旁的大陸義胞接待站

大陸義胞接待站內部房舍

XIII

太武山沿線標語與軍事時代遺跡

太武山為金門地勢最突出地形，不論在金門任何角落，皆能清楚見到太武山，照片中為太湖遙望太武山，山形走勢有如臥地之仙人，金門古名「仙洲」由此而來。

　　太武山雖僅海拔253公尺，卻為金門全島地勢最高之處，整座山以花崗片麻岩為主要地質，堅若磐石；地勢居高臨下，四面鳥瞰全島與大陸均可一覽無遺。建立防區後，最高指揮單位金門防衛司令部之作戰指揮處所，非太武山莫屬。整座山佈滿軍事陣地，坑道四通八達。能通行戰車的中央坑道，規模如電影院的擎天廳，均構築在太武山中。因此，太武山登山步道沿線，可見歷任防衛部司官、將軍與蔣公題刻之勒石。

　　太武山有三處登山口，西南方由山外或小徑走經武路至太武山軍人公墓上山，該處為最為人熟知之登山口。第二處在環島東路屏東文康中心上山，這個位置原為戰地政務時期，金東師師部駐地，目前仍有許多營區防守，這個登山口坡度較陡，上山後，在海印寺接上自太武山公墓而來之步道。

| 太武山軍人公墓的「國民革命軍陣亡將士紀念碑」及護城河、拱橋。

　　第三處登山口則由西北方的斗門上山，這條路徑原為登山古道。在軍管的年代，整座太武山管制進出，只有太武山軍人公墓至屏東間這條水泥步道為唯一登山路徑，但也只限於農曆春節才開放軍民登山。因此，斗門登山古道煙沒在荒煙蔓草中。金門解除戰地政務幾年後，金門國家公園成立，便重新整修這條古道。斗門登山古道從斗門上山，在倒影塔及延平郡王觀兵奕棋處接上原有登山步道。

　　太武山軍事、歷史遺跡，自太武山軍人公墓為起點。太武山公墓與西方不遠處經武圓環國父銅像、無愧亭為連成一線，為具有特殊意義之景點。民國38年古寧頭戰役、民國39年大二擔戰役、以及八二三、九三等砲戰之後，壯烈成仁之軍士將領屍骨散佈島上各地，其遺骨皆就近掩埋。兩岸局勢和緩後，為

太武山現今路面仍是戰地政務時期的水泥舖面，路面每隔一段距離就有一條伸縮縫，目前已全面開放登山，為民眾休閒好去處。

撫慰英靈，使烈士有埋骨之所，民國41年籌建軍人公墓於太武山西麓谷地。公墓共計埋葬四千五百餘名軍人，墓群前建一藍瓦白牆之忠烈祠，供奉陣亡將士之牌位，祠前立紀念碑一座，陽面「國民革命軍陣亡將士紀念碑」為蔣公所題，陰面「國民革命軍金門太武山公墓碑序」則為胡璉司令官所題，碑前有一護城河，上建拱橋一座，並植桃、梅、櫻等觀賞花木，景觀優美蕭穆。

公墓外為「太武山軍人公墓」牌坊，往西四百公尺處之圓環則為國父銅像。此為感念為國捐軀之將士，已追隨效法國父國民英命之精神，無愧於國家百姓。因此，胡璉將軍復於國父銅像五百公尺處再建無愧亭一座。因此從太武山軍人公墓、國父銅像、無愧亭，實為一條穿越太武山谷，別具意義之中軸線。

　　太武山軍人公墓登山起點之步道名為「玉章路」，並有
題名「玉章路」之牌坊立於起點。這條原稱太武山巔公路之登
山道路，為劉玉章將軍於民國43年至民國46年任司令官期間
開闢，並於民國47竣工。先總統　蔣公特賜名為玉章路以為紀
念，並勉勵軍士官兵，發揮集體力量，以勤勞血汗與決心共同
努力完成使命之成果。

　　步行至視野良好之路段後，即可發現過去司令官所題之勒
石。第一個見到的勒石就是「總統訓示」。

　　該勒石後方有一石洞，為明末鄭成功與僚屬下棋觀兵之
所，洞外視野極佳，大陸河山及金門北部平原盡覽眼底，洞內
石桌椅早已崩毀，目前見到之石桌椅是國軍重建而成。石洞上
方則為近年重建，金門三大古塔之一的倒影塔，相傳旭日東昇

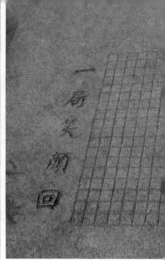

明延平郡王鄭成功觀兵奕棋處。

時，長長塔影倒映入海，吸引海魚兒群聚，因以名之。倒影塔為太武山十二景之一，建於明朝洪武20年（西元1388年），1918年因地震損毀，1937年修復後，同年10月因日軍侵犯，倒影塔有成為敵方砲火目標校正點又遭拆除，組件石塊散於週遭，直到2005年再度以原石塊重建，並補齊缺失部分而成。倒影塔與「明延平郡王鄭成功觀兵奕棋處」附近之下山步道，則是斗門登山古道。

離開這三處遺跡，上山約五分鐘路程，步道左邊勒石「中興在望」，為政府退居台澎金馬時，民國44年重新改組，任職第一任福建省政府主席戴仲玉於民國45年12月所題，同年7月金門、馬祖實施「戰地政務實驗辦法」，福建省政府遷至新北市新店區辦公。

通過「總統訓示」與「中興在望」兩塊勒石，已在山頂稜線，四面八方皆可鳥瞰，除可清楚見到太武山國軍所設兩個圓型雷達站外，宋代古刹「海印寺」也可一眼俯望。約再五分鐘

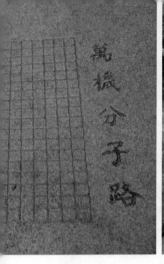

路程，太武山的金門地標之一「毋望在莒」就在左側上坡處。自從金門成為戰地前線之後，「毋忘在莒」四個字就成為金門軍民的精神象徵，意在提醒國人，勿忘過去歷史教訓，全力以赴達到保國衛民之使命。

　　依據軍事新聞通訊社的資料，先總統蔣介石於民國40年12月29日巡視金門2日，地方以薛桂枝為代表，上書總統題頒字句，訓勉金門戰地軍民。次年年初蔣公親書「毋忘在莒」四字墨寶，並有署名與年月送達金門。當時司令官胡璉命駐軍尋覓一處視野良好，面積足夠之平面勒石，尋得勒石高四丈、寬二丈，並由薛桂枝、顏西林、薛崇武等民間代表成立委員會負責延請雕刻工匠鐫刻。由於岩壁下方滏深，需搭鷹架方得施工。在當年物資極度缺乏的金門，最後尋得大陸海漂過來之大竹篙搭建。且當時太武山因童山濯濯，山風強大，放大臨摹之紙張無法固定，雕刻師蔡清發先生只先量紙張字樣各尺吋，指示其子張再興攀上勒石，以墨斗線做記號，歷經四個月而成。

　　「毋忘在莒」四字意義非凡，加上勒石高大，數十年來，與莒光樓一直是金門的兩大地標，國人旅遊金門必訪之景點。面向「毋忘在莒」勒石右側，則為完工當年，由蔡清發張再興父子雕刻之勒石序，內容略為：

毋忘在莒勒石序

　　金門孤懸海上，一衣帶水間，與南、同、澄、廈相望，民國三十八年冬，朱毛奸匪襲捲大陸，金門之危殆已如千鈞一髮。國軍第十二兵團司令官胡將軍伯玉，率其英勇勁旅轉戰來金，於島之西端古寧頭憑江一戰，聚殲么麼四萬餘眾。卒使氣焰萬丈之匪氛，挫折殆盡。而白浪滔滔，黃沙滾滾之小島，乃舉世矚目，盛譽為東方反共抗俄基地，台灣之屏障焉。總統　蔣公中正三十九、四十兩年之冬，蒞巡本島，十萬軍民

慶幸瞻仰　元首光儀，並親聆垂訓，邑人士庶，以此為萬世殊榮，乃相率叩轅，請求胡兼主席伯公，轉懇總統親賜墨寶，以留蒞巡之跡。蒙寵賜「毋忘在莒」四字至金，總統之心，蓋喻本島與台灣如戰國齊時之基地，全島軍民展拜之餘，感奮無已，誓願勵忠貞，以副垂示之望。謹於仲夏之月，勒之太武山石，並為序。

金門軍民全體軍民謹鑴

中華民國四十二年九月

董其事　顏西林　薛季芝　薛崇武　陳卓允　王秉垣　李逢時

「毋忘在莒」原出自漢朝劉向的新序雜事篇：桓公與管仲，寧戚飲酒，桓公謂鮑叔曰：「姑為寡祝乎！」鮑叔奉酒而起曰：「祝吾君無忘其出而在莒也！使管仲無忘其束縛而從魯也！使寧子無忘其飯牛於車下也！」

因此，故宮博物院院長秦孝儀於民國48年12月又手書「毋忘在莒本義」石碑鑲於勒石左側，為這四個字重新下了時代的新定義。

毋忘在莒勒石至海印寺間尚有一個大「佛」字石刻，無署名，且鑴刻年代不可考。其上方則有蔣緯國將軍於民國76年1月17日題字「梅園」之勒石，蔣緯國將軍當時任中華民國梅花推廣協會副主委，贈送百株梅花，防衛部於該處開闢一公頃梅園，與蔣緯國一同種植，現大多已枯萎。過此二塊勒石便抵達海印寺，此寺廟為為宋代古剎，八二三砲戰時毀於砲火。民國49年在國軍協助下，重建為現行規模。雖然整座佛寺為現代建築，仍與石門關列為縣定古蹟。石門關、古石室、安心石、麟

左：海印寺全貌

月池為寺內歷史悠久之遺跡。其中石門關為太武山十二景之一，上方「海山第一」牌匾留有永曆辛丑字樣，相傳為明末忠臣盧若騰所題，但又傳其未落款，故至今無法斷定是否為盧若騰手書。古石室亦為太武山十二景之一，相傳為海印寺第一任住持坐化之處。

　　海印寺為太武山最高點之下凹處，再往前便開始下坡，往前則通到屏東之登山口，下坡時可見右側山谷有一個大水池，是軍管時期軍人飲用水的貯水池，名為「太武池」。

　　下坡清楚見到太武池後，又一塊「總統訓示」勒石，為前參謀總長賴名湯空軍上將於民國63年手書，賴將軍曾與「筧橋英烈傳」中的抗日英雄高志航參與對日抗戰，1984年病逝於台北，享年73歲。

　　往下坡，見一圓石立於右側，為交通部長譚伯羽所題，但未書年份。民間傳言是當年雕刻「毋忘在莒」之後，張再興師傅順手刻下。

中、右：「其介如石」勒石，巨石穩固立在崖邊岩石上。

往前，則於右側見一橢圓型巨石，上書「其介如石」，為民國54年時任總統府資政的趙恆惕所題。該石疑為崩落之巨石，卻穩立於岩磐上不動如山，趙資政因以敬書 蔣公之名於其上。

「高風亮節」勒石並非戰地政務時代鐫刻之勒石，而是李良榮基金會於民國85年時建請國防部鐫刻，李良榮將軍在民國38年大陸淪陷時，率二十二軍團防守金門，並積極建構防禦工事，廈門淪陷後，當年10月，擔任東南軍政長官的陳誠命胡璉率領的第十二軍團趕赴金門，接替二十二軍團防守任務，並命李良榮將軍與福州綏靖公署代主任的湯恩伯回防台灣。湯恩伯主任當時下達命令，要求胡璉將軍尚未到達金門前，金門所有部隊仍歸李良榮將軍指揮。同月25日爆發古寧頭戰役，共軍越過防線直搗金門縣城，賴李良榮將軍調動所有可用兵力全力抵抗。幸胡璉所率十二軍團於26日登陸水頭，兩軍合力，共創古寧頭大捷。因此湯恩伯、李良榮、胡璉等人均是創獲古寧頭

能大捷的關鍵人物。惟李良榮自始至終不稱功，並大力感謝馳援之第十二軍團，因此一般百姓只知胡伯玉、李光前，鮮少知李良榮對此戰之貢獻，基金會認為李將軍戰功不可埋沒，高風亮節堪為後世表率，因而陳請國防部鐫刻「高風亮節」以為紀念。

往屏東下山路上最後一塊勒石「人定勝天」，因未書年代作者，鐫刻時間也是不可考。但這四個字在那樣的時代，與鄧麗君、鳳飛飛的歌曲一樣，具有激勵人心的作用。

抵達屏東，因該處曾為金東師師部駐地，金東師曾獲蔣中正總統頒發虎旗一面，因而有「虎軍」稱號，師部附近立有老虎雕像，以及軍中吉祥物石獅子。

值得一提的是，由太武山公墓仰望太武山頂上時，除了軍方那兩顆圓形雷達外，左側還有兩座電塔，一大一小。在民國82年以前，原只有那隻紅色的小電塔，這電塔其實是電視轉播站。原本金門要看電視有其難度，因為距離台灣遙遠，訊號非常不清楚，所以金門民眾即使買了電視機，卻不常看電視。民國67年，經國先生當選中華民國第六任總統，提出八項嘉惠金門民眾的「慈和專案」：擴建光華電台、興建電視轉播站、興建現代化醫院、增設軍中中山室、改善太湖自來水廠、改建休假中心、建築田浦水庫、擴充電源及規畫富康農莊。

其實電視轉播站早在民國65年就已建好，但基於思想控制，及擔心干擾軍用雷達等種種理由，未做轉播。經國先生做這項指示後，軍方選在5月20日總統就職當天，開放中華電視台給金門民眾，但其他電台仍不開放。因為華視為軍方經營，只開放華視給金門民眾有利於前線思想教育。在那個年代，首

| 「虎軍」象徵之雕像

| 屏東登山口之軍中吉祥物石獅子

開先例的事情都會立一個紀念碑，所以這個轉播站附近也有一個紀念碑，碑文內容為：

國防部金門電視轉播站開播紀念

國防部為提高政治教育效果，堅定反共復國信念決心，開創世界性海上長程運輸之新紀元。於民國六十五年九月六日興建金門電視轉播站，並於第六任總統就職大典之日開播。本站在籌建期間，有賴我全體工作同志不眠不休，彈精竭慮克服困難終於底成，乃使國軍政治教育邁進時代之新里程，至今而後，願我戰地官兵善加發揮其轉播教化之功能，益增吾人對三民主義之體認和砥礪復國在我之志節，為反共聖戰打前鋒，為民族大業創新勳，願為我戰地官兵共勉之。

參謀總長　海軍一級上將　宋長志

中華民國六十七年五月二十日

金門解除軍管後，媒體輿論自然也解禁。新的電視轉播站由行政院新聞局召集台視、中視、華視、公視籌委會、廣電基金以及交通部長管局（現為中華電信長途電信分公司）等單位合組成籌建金門轉播站專案小組，由中視公司負責行政事務，台視公司負責工程事務展開建站工作。在舊有轉播站旁邊，於民國81年11月動土興建，民國84年5月完工啟用。有四層樓機房，及六十公尺鐵塔，提供三家有線電視台及公共電視轉播使用。這也就是後來看見的太武山上一高一低之電塔。

XIV

戰地政務時期重建之
古蹟與興建之勝景

一、魯王墓與漢影雲根

　　金門歷史源遠流長，文化資產豐富，許多深埋地下、藏於草莽的歷史古物，常在國軍修建工事，開鑿坑道時發掘出土。

　　明末魯王墓就是這種情況下現身。魯王朱以海，生於明朝萬曆四十六年（西元1618年），明崇禎十七年二月，清順治元年（西元1644年）被冊封為魯王。即位僅四日，流寇李自成攻陷北京，思宗自縊身死，后妃皆自盡，明朝從此走入歷史。山海關守將吳三桂為愛妾陳圓圓被李自成部將擄走，引清兵入關，神州大半江山改朝換代。為匡復明朝，福王朱由崧即位於南京，命朱以海駐守台州。1645年清軍攻下南京、杭州，鄭遵謙、張國維等迎朱以海於紹興，聽取方逢年建議，七月於紹興宣布監國。

　　雖肩負復國重任，然朱以海缺乏治國能力與經驗，且因從小過慣宮廷生活，生活上奢淫無度，任用人才也極其腐敗，元妃張氏兄長張國俊招權納賄，竟然任用匪人，如謝三賓參加魯王監國政權後，走國舅的後門出任大學士。清兵入關前，唐王朱聿鍵已在崇禎十五年稱帝於福州，自封為隆武帝，並頒詔書至紹興，宣布監國委任之朝臣可至隆武政權任職。由於贊成與反對承認隆武帝的朝臣各佔一半，魯王憤而去監國稱號，退居藩位返回台州。順治三年，清兵渡過錢塘江，陷紹興、杭州、義烏、金華，魯王遂逃亡浙江、福建海上，過著「水上為金湯，舟楫為宮殿」的艱苦生活，同年六月抵達舟山，三個月後由鄭彩迎往廈門，魯王在此反醒惕勵，重整旗鼓，福建、江西；廣

東相繼響應，南明頗有復興之勢。順治六年，魯王坐鎮舟山，以舟山群島作為抗清南方武裝中心，有效牽制東南地區清軍。

　　順治八年九月（1651年），清兵攻破舟山，魯王前往廈門投靠鄭成功。鄭成功原不滿魯王與隆武帝同姓鬩牆，致使抗清武力大量內耗。但念及魯王為明朝宗室，仍以禮相待，並安排居住金門。魯王從此長住金門，直到在康熙元年（1662）病逝。魯王死後，雖知安葬於金門，然由於當時清兵勢大，東南

魯亭

沿海已難固守，為防毀墓，不立墓碑。清兵收復金門台澎後，
尋覓多年，不見魯王真塚。由於魯王寓居金門時，鄭成功以
寓公之禮待之。寓公之禮，乃無實權，屈居人下之意。時日一
久，身邊心腹忠臣漸少，魯王因此憤而棄監國封號。由於不見
魯王墳墓，世人因此誤以為魯王薨乃「成功沈王」之故。

　　道光十一年（西元1833年），鄉紳林樹梅於金門城東發現
一座古墳，林氏判定為魯王墓，並陳報福建興泉永巡道周凱，
周凱於墓之左側題碑「明監國魯王墓」。1935年，鄉紳許維舟
倡建魯亭於墓之右側，自此眾人皆認定該墓為魯王墓無誤，甚
至在民國25年，總統蔣中正亦題碑「民族英範」於魯亭。

小徑魯王墓

　　1959年8月21日，國軍於舊金城古崗湖炸山採石時，發現埋於土中石碑，掘出壙蓋時，上書「皇明監國魯王壙誌」字樣及壙誌全文，部隊長劉占炎上校下令停止挖掘，並報上級處理。中央研究院院長胡適率學者前來考究，並取出墓碑、墓案、壙誌、遺骸、瓷碗、紅方磚、銅錢、殘棺木等等，證實其為魯王墓。民國48年冬，蔣公巡視金門時，指示於小徑遷建新墓，歷時三年完成。自此，鄭成功遭世人誤解三百年「成功沈王」之冤，終得洗刷。

　　至於原先發現之魯王疑塚，經成功大學教授黃典權與師範大學教授王啟宗兩位專家菣金開挖，判斷遺骸為女骨，墓中出

土銀鐲、纓絡、宋元豐銅錢、小瓷碗、古磚等等，經鑑定為宋代士宦人家命婦之墓。縣政府另於墓旁豎碑曰「宋元豐命婦之墓」，敘述發掘考證經過而原有之魯亭、石碑，則仍予以保存維護。

　　魯王寓居金門時，喜遊古崗湖，湖畔之獻台山海拔僅67公尺，但以金門島嶼彈丸之地，平原中隆起高地即可稱為「山」之規模。魯王墓中壙誌明白記載，魯王遊古崗湖時，於獻台山手書題字「漢影雲根」，但原巨石不知於何年代滾落，且「根」字斷裂遺失。有人相傳民國14年2月因雷擊導致崩落，但因石塊「根」字部分切面整齊，亦有人說當初古崗華僑董春波等人，捐建古崗國小時，因石材不足，村民鑿切該石充作建材。民國59年10月，金門縣社教館仿原真蹟重刻於旁邊另一石壁，為現今所見之「漢影雲根」碣石。

　　古崗湖附近有多處明末諸士朝官所題石刻，獻台山登山階梯右側為「漢影雲根」新蹟，階梯盡頭的涼亭後方，一大石頭則刻有明末處士，鄭成功妃叔董颺先題字「闢沌」。涼亭左側下方則有塗以紅漆之「漢影雲根詩碑」，為明末遺臣諸公諸葛倬等人題刻，由其記載年代，得知「漢影雲根」題刻日期為明朝永曆八年（西元1654年）。漢影雲根可解為魯王感歎一生漂泊海疆，流亡顛沛，雲之深處，有漢之分影南明，身所處境，如雲之無根可繫。

　　漢影雲根原跡大石背後，有一以草書刻成之七言絕句詩，原作者只署名為「湖海釣狂」，所刻位置有僭越之嫌，但無法考究作者年代，亦無法知其用意，全詩排列零亂，全文為：

七言絕句草書

鯨箸賓虹擘浪開

石方如砥自天來

一絲涉道合東北

湖月星雲滿釣台

湖海釣狂

　　從闢沌大石左側上坡步道走去，有一石刻「石洞天」，推測為董颺先石室詩刻遺跡。

| 文台古塔

二、文台古塔

　　位在舊金城南磐山，明朝江夏侯周德興設置舊錢城「守禦千戶所」時，鳩工興建以作為航海標誌。文台古塔又稱為文台寶塔，既未毀於匪砲，也逃過國軍拆除，是金門三座明朝古塔中唯一保存完整的。雖然古塔本體不是國軍修築，但其下方基石許多題刻，除「湖海清平」為明朝百戶所陳輝鐫書於1607年外，餘皆屬戰地政務時期名家之手。「國之金湯」出自國畫大師張大千之手，題於民國57年2月；「碧海丹心」在民國57年元旦，由前國防部長黃杰所題；總統府資政趙恆惕於民國56年題「歲寒松柏」，為呼應古諺：「歲寒知松柏，國亂顯忠臣」。

| 虛江嘯臥碣石，攝於民國79年間，嘯臥亭尚未重建。

　　文台古塔位在金門酒廠舊廠南側圍牆外，再稍微往南，則
是位在海邊之「虛江嘯臥」碣石群。虛江乃明朝千戶俞大猷之稱
號，喜於南磐山海邊大石上休憩，因而題「虛江嘯臥」大字，
該碣石前方原有一題鐫「嘯臥亭記」之亭，但民國40年遭國軍
拆除作為工程石材，戰地政務結束後，縣政府於2001年重建。

　　虛江嘯臥週遭刻滿題字，有落款或無落款，推斷皆在明、
清兩朝完成：「後樂亭記」為俞大猷門人楊弘舉，於嘯臥石前
建「後樂亭」後所書；「砥柱」無落款，下方楊弘舉題贊「汪
洋滄海，波浪怒來，我有片物，揮之使迴」；明隆慶六年（西
元1572年），泉州府丞丁一中題詩「飛旆乘風信海潮；金門城
外徙岩嶢。南溟地接三山近，北極天連萬里遙。逸客淹留塵跡
偏、將軍嘯臥瘴煙消。蒼波漠漠情無限，欲附歸鴻向日飄」；

虛江嘯臥碣石與重建之嘯臥亭

「觀海」無落款，推斷為清代所書；「大觀」為清代澎湖水師協副將朱杰所題、「如畫」為清朝總兵呂瑞麟所題。

三、稚暉亭

　　吳稚暉先生江蘇武進人士，原名眺，字稚暉，後改名敬恆。字稚暉。生於1865年，為清朝舉人，後留學日本、英國，接觸西方文化。國父孫中山發起反清革命時，積極參與，而成為中國國民黨之黨國大老。吳稚暉先生極為支持胡適倡導之白話文學，並堅持不入公門任職。

　　吳稚暉先生其實與金門關係不大，只是在1953年病危住院時，曾於日記中表示，希望前往美國看望住院兒子吳淑微，

| 左：古寧頭戰史館經金門國家公園整修後之勇士雕像
| 右：古寧頭戰史館門口原有之勇士雕像

若無法成行，則海葬金門，旋即病逝台北。中國國民黨按其遺囑，將其骨灰灑於廈門南面海域。1954年，政府建稚暉亭及先生半身銅像於水頭海濱，涼亭週圍規劃為公園。

四、戰史館

雖然金門當時不開放非設籍本縣之人進出，但縣民的休閒觀光仍有需求，且兩岸對峙期間許多歷史，需有合適紀念館保存文物、記載史實。古寧頭戰史館為金門第一座戰爭紀念館。

1949年的古寧頭戰役結束後，軍方在北山海濱興建軍事據點，該據點外型如古代城牆，牆上有城垛且有一尊持槍軍人站衛兵防守的塑像，城牆上方並書有「古寧頭戰場」五個大字。

| 「金門之熊」戰車

民國73年，班超部隊（亦即金西師）施工改建古寧頭戰史館，
將持槍軍人塑像移至林厝村莊入口的「古寧頭戰場」意象城樓
之上。改建後的戰史館，門口立了三個持槍衝鋒的軍人塑像，
戰史館兩側牆面浮雕則描述當時戰爭實況，但由於建造時並未
考究時代背景，浮雕與三勇士中的軍人服裝，均以當時民國七
十年代為依據，頭戴鋼盔，腳穿皮鞋。直到移撥金門國家公園
管理，於民國90年重新整修時，門口塑像將原有三勇士移除，
並改為一持槍軍人，穿著打扮均還原古寧大捷時的服裝，戴小
帽、穿草鞋。

　　戰史館兩側各放置一部M5A1型戰車，這是古寧頭大捷擊
退共軍的功臣，被封為「金門之熊」。這批戰車為美國通用動
力公司自M5輕戰車改良而成，大量使用於二次世界大戰，並

西浦頭之李光前將軍廟

在租借法案的推廣下陸續提供給蘇聯、中華民國、法國、南斯拉夫、葡萄牙及若干中南美國家使用。二次大戰後，美軍在菲律賓、關島和沖繩各地留下許多戰車。由於運回美國費用太高，也沒有用途，於是大多拆掉武裝和通信系統，任其自然報廢。裝甲司令部參謀長蔣緯國就和美國交涉，把這些戰車買下來運往上海，堆在虯江碼頭。重建的各戰車營就自行尋找堪用的車輛和零件，加以整修組裝。未料這批原本不堪用的戰車，竟成了古寧頭大捷中的英雄。

古寧頭戰役的靈魂人物尚有李光前將軍，1949年10月24日，共軍發動古寧頭戰役，次日夜晚共軍進犯金門，擔任代團長的李光前，率領第十九軍第十四師四十二團反攻古寧頭時，遭遇解放軍砲火擊中腦部殉國，享年三十二歲，葬於西浦頭一

李光前將軍廟廟內神像與廟外半身塑像

三二高地，國民政府於戰後追贈為上校。西浦頭居民於西元1953年為其建廟塑像，廟名為「軍府萬興公廟」，由於膜拜者眾，西元1976年光前廟擴建，並由金防部出資，助廟方將李光前神像由身穿龍袍、頭戴文武盔，改塑成現代軍裝之神像，而有廟前牌樓之規模，同時國防部追諡李光前上校為少將。前往李光前將軍廟，可從金城鎮環島北路的救國團交叉路口進入，往林厝方向即可到達。

李光前建廟與追封將軍之鄉野傳聞甚多，據說古寧頭戰後隔了二年，西浦頭常於夜間耳聞皮鞋與口哨聲，請示乩童於原址建廟，並須於每年農曆九月初八日舉辦祭祀慶典。另廟中正殿門有三扇，民間風俗凡人平時只能自左右兩側門進出，中間之門除非神明要進出，否則維持關閉。2013年10月12日，亦即

| 廟門外有兩個著軍裝之衛兵

農曆九月初八日,正殿中間大門竟無端開啟,且未觸動警報及
遺失鑰匙。次日來一乩童,告知李光前少將抱怨軍校同期同學
如蔣仲苓、許歷農等皆已晉升為上將或中將,至今他仍未獲晉
陞,怒而開廟門拂袖而去。只是國防部明訂軍官士官追晉以一
階為限,李光前殉職時是代理團長,軍方依規定已為他追晉一
階,因此要讓李將軍再晉陞一級目前無法可循。

　　金門另有太湖旁的八二三戰史館,與烈嶼的湖井頭戰史
館。八二三砲戰發生於民國47年7月23日,中共解放軍對金門
砲擊歷時四十四日,共發射超過四十八萬發砲彈,仍未拿下金
門,此戰震懾中外。但金門防衛司令部卻一直到民國77年,八
二三砲戰三十週年才完成八二三戰史館,此時戰地政務時代已
接近尾聲。

八二三戰史館建於太湖水庫旁的中正紀念林後方，榕園左側。占地710平方公尺，紅瓦白牆建築。現已移交金門國家公園管理，館內有各項史料、照片、砲彈，館外陳列當時參與作戰之各種大型武器。

八二三戰史館前的中正紀念林，唯一蘇州庭園佈置，民國75年蔣公百年冥誕，防衛部為因應紀念而籌劃興建。這與後方戰史館皆屬於軍管末期所建。但原有連同太湖為範圍規畫建造之中正公園，則是落成於民國65年，金門軍民感懷先總統蔣公德澤而建。公園入口牌坊位在太湖路三段處，兩旁立有石獅一對，中間數級階梯，牌坊後則為蔣公銅像，底座五公尺，銅像三·八公尺。

湖井頭戰史館則於民國78年，以原有播音站為基地建構完成，做為烈嶼地區唯一一座戰爭史蹟館。落成後三年戰地政務即中止，民國94年移交金門國家公園做為展示館。

五、中山育樂中心

中山育樂中心為金門最早完成，且規模最大的遊憩景點。民國54年為紀念國父百年誕辰，防衛部於青山坪近雙乳山之處，種植百餘公頃之濕地松，並於伯玉路入口豎立「中山紀念林」石碑，但紀念林並未做其他規劃。民國69年9月20日，經國先生巡視金門，指示於中山紀念林開闢森林遊樂區，以提供前線居民正當娛樂場所，充實軍民精神生活內涵。遂由金門縣林務所統籌，台北市政府公園路燈管理處與台北市立動物園協助。除參觀遊園步道外，增設露營區、體能鍛練場、溜冰場、

野外劇場、中心遊憩區、孔雀園、荷花池、烤肉區、野餐區、射箭場、動物區、歲寒三友園、花卉區、梅園、步道區、管理室等，並命名為「中山育樂中心」

多年來，中山紀念林為金門軍民遊覽之場所，金門高中童軍團常利用其中露營區訓練童軍。每逢春節假期，軍民大量湧入，是戰地政府時期與太武山同列為最熱門的景點之一。民國84年金門國家公園成立，中山紀念林納入國家公園管理處，並增加乳山遊客中心，原有「中山紀念林」石碑則被遷移至管理處與自行車故事館之間的紀念林入口步道旁。

XV

尋找英雄島的足跡

左：13號碼頭還在時的大門口哨所
中：載運戰車用的登陸艇常用來運輸前往金門的官兵
右：綠色建築是新頭碼頭的管制室

　　「金馬獎」兵籤一向是戒嚴時代入伍新兵最懼怕的事，相傳北方新訓中心如金六結、車籠埔較容易抽中馬祖；南部新訓中心公認衛武營為金門的跳板，據說是考量船隻開航的港口離新訓軍營較近，兵員運輸較便利之故。衛武營與前往金門的門戶：「13號碼頭」同在高雄市都會區，基於交通便利的因素，金門中籤率相當高，由於入伍衛武營的兵也以高屏地區為大宗，導致高雄人前往金門服役的人數也相對較多。

　　抽中金門籤的人，完整的運送程序是送到壽山營區等船，待軍艦抵達高雄13號碼頭便上船前往金門。若運送兵員的船是兩棲登陸艇，上岸的地方會在新頭沙灘搶灘。若搭的是一般驅逐艦，則停靠料羅碼頭上岸。旅台返鄉的金門人也是從13號碼頭登船的。

　　官兵返台休假，返防前若尚未搭船，或船期延誤，則安排暫住鼓山金馬賓館。金門這段「返鄉的道路」，就是：衛武營、壽山營區、13號碼頭、鼓山金馬賓館、金門新頭碼頭與料羅碼頭。

　　金門官兵收假返金報到的金馬賓館，目前也已閒置。現在金門不再算「敵前」，官兵收假自費自訂機票搭機返金，金馬賓館也成空屋。金馬賓館與其它金門的廢棄營區一樣，大門深鎖，命運未卜。

　　衛武營所在的鳳山地區於清代林爽文事件後即成為軍事重地，日本殖民台灣時成立「鳳山倉庫」做為軍事後勤物資及武器的儲備地，即為現今衛武營營區。營舍為一層樓平房，台灣光復後成為新兵訓練中心。由於位在高雄縣市交界處，戶籍

在高屏地區入伍的新兵幾乎都在衛武營受訓，一堵鐵絲網的高牆，隔開軍、民兩個世界，牆內不知流下多少的淚水，是整裝前往金門新兵的滋泣。衛武營是台灣有名的新兵訓練中心之一，部隊中流傳一句話：「魂斷金六結、血濺車輪埔、淚灑關東橋、歡樂滿仁武、快樂衛武營。」

　　高雄都會區的快速發展，衛武營很快被包圍在大都市中，經軍方評估已不適合做為軍事營區。2004年底，衛武營舉辦跨年晚會並開放參觀一天後正式告別歷史，營區做為文化藝術中心。雖然規畫機關是文化部，可惜的是並未以文化保存的方式保留衛武營，營舍大部分遭拆除，只留下少部分的營舍，曾被

| 上左：衛武營的大門 | 上右：衛武營內的營舍 |
| 下左：衛武營內遺留的設施 | 下右：漢聲廣播電台鳳山台 |

指定為古蹟的十字樓也灰飛煙滅。

　　衛武後門一帶規劃為都會公園，只保留三棟建物，但已重新整修內部，日據時代生長至今的參天樹木，提供民眾休閒良好的遮蔭。

　　13號碼頭的命運，如同消失中的金門返鄉之路一樣，難逃都市發展考量下的犧牲。市民的休閒需求、軍方色彩的退場，幾乎是「為民服務」的首要考量。13號碼頭在2006年釋出，回歸高雄市管理，並更名為「光榮碼頭」。雖然市民多了一個休閒場所，市政府增加一個展演場地，2013年的黃色小鴨更在此造成轟動。但有多少市民知悉這個碼頭曾有過的斑斑血淚與光榮過去？

新頭沙灘給搶灘登陸艇用的繫船樁

這個柱子是作燈柱及標示碼頭標號用的

　　而從前抵達金門的阿兵哥，大部分是搭登陸艇來的，登陸艇抵金時都在新頭沙灘搶灘登陸。所以新頭有檢查站，初抵金門的的兵都在此檢查行李。

XVI

走過時代的足跡

| 莒光樓

　　碉堡、陣地、坑道、木麻黃、標語，甚至是商店招牌，很容易嗅出那曾經走過的年代。但金門有不少設施、建築、遺跡……表面上看不出與戰地有任何關聯，但它們也是陪著金門軍民一同走過戰火的歲月，存留今日，若不留心緬懷，不知何日它們會成為被遺忘的歷史。

　　莒光樓是金門最重要的歷史建築，也是金門最具代表性的地標。沒到過金門的人，對金門認識不深的人，只要看到莒光樓的照片，都知道它在金門。莒光樓建於民國41年，取名「莒光」乃為實踐先總統蔣公「毋忘在莒」之訓示。因其照片自戒嚴時代就被廣泛用於郵票、明信片，而成為金門最為人熟知的建築物。

八二三砲戰紀念碑

八二三砲戰紀念碑是紀念金門經歷八二三砲戰而立，對金門有特殊意義。目前廣為人知的紀念碑有兩個：一個在鵲山圓環的「八二三戰役勝利紀念碑」，建於民國62年。另一個是小金門勝利門的「八二三砲戰勝利紀念」，建於民國75年。不過極少人知道，有一個埋沒在南雄育樂中心的紀念碑，才是最早建造的八二三紀念碑，建於民國48年11月。

上左：已埋沒於南雄育樂中心的內紀念碑

上右：鵲山「八二三戰役勝利紀念碑」，建於民國62年

下右：小金門勝利門的「八二三砲戰勝利紀念」

金門歷任司令官，以胡璉將軍最為金門人敬重。民國38年10月，大陸情勢逆轉，原駐守舟山的胡璉，以其舟山司令部的部分兵力馳援金門。但其軍艦航行途中，廈門淪陷，金門情勢危急。胡將軍隨即改任金門防衛部司令官，首戰便是對共軍迎頭痛擊的「古寧頭大捷」，阻斷赤禍橫越台灣海峽。胡璉於民國43年任期屆滿輪調返台，民國46年二度任金防部司令官，又遇次年的「八二三砲戰」。胡璉帶領金門全體軍民奮力迎戰，以「穿山甲戰術」成功打勝八二三，而當時軍民死傷不到六百人，以最少的犧牲維持台海數十年的和平。

　　胡璉將軍積極建設金門成為三民主義模範縣，任第一任司令官期間，全力造林，阻斷烈日與風沙；推動釀製高粱酒的構想，以「一斤高粱換一斤米」的政策，使高粱酒成為金門今日閃亮的招牌、縣政府最大的財力來源。莒光樓、太武公墓、忠烈祠及無名英雄銅像於當時完成。第二次任司令官期間，修築中央公路，料羅碼頭，挖掘水塘、灌溉水井數百口，設置林務所及四埔、鵲山、太武山等林場，改善金門的交通、農業及日常生活。

　　胡璉將軍第一任司令官期間，由於軍方強佔民宅，軍民衝突不斷，將軍於微服探訪民情時親耳聞民眾唾罵司令官。遂於第二任司令官時，積極傾聽民眾心聲，居民對其大為改觀。因胡璉的建設，金門始有「地下堡壘，海上公園」之譽，民眾尊稱為「現代恩主公」，認為胡璉功績可與唐代牧馬侯陳淵並列。胡璉於民國66年逝世。將軍表字「伯玉」，行政院長蔣經國指示於莒光湖畔興建「伯玉亭」紀念，中央公路則命名為伯玉路，並於小徑圓環立將軍半身戎馬銅像供軍民瞻仰，以表彰胡璉將軍對金門之貢獻。

由上而下的太武公墓、國父銅像、無愧亭，形成了「將領烈士—追隨國父—無愧國民」之別具意義的一道風景。

　　胡璉於太武山建陣亡將士公墓後，又於公墓前塑國父遺像。為感念陣亡將士已追隨國父英靈埋骨於此，無愧於國民革命運動，再於魯王墓附近建無愧亭，形成「烈士──追隨──無愧」之風景軸線。

　　伯玉路位於小徑圓環路段，陳列「壓路滾」一塊，中央公路在民國41年修築時，由於物資缺乏，乃以石塊壓實、壓平路面。為感念當時築路之辛勞，陳列此「壓路滾」以為紀念。

　　古寧頭大捷奠定台海安定的基礎，為此犧牲的國軍無名
英雄功不可沒，民國42年，在胡璉將軍任司令官期間，為表彰
戰役中奉獻的軍士官兵，於伯玉路榜林圓環建「無名英雄」雕
像。像高三丈五尺，底座為12道光芒的國徽，台座為三角面，
分別書寫「把思想變成信仰」、「把意志變成力量」、「把理
論變成行動」。

　　在金門大學設立前，金門最高學府原為國立金門高中。金
門高中最讓人眼睛一亮的地方，在於它白色系的大門與後方的
「中正堂」。金門高中學生暱稱中正堂為「白宮」，於民國40
年由胡璉將軍率金門軍民起造，為感念先總統蔣公民國39年在
大陸淪陷後復職領導，及金門兩度重挫匪軍，由行政院長陳誠
題名為中正堂，後做為金門高中禮堂。

　　民國55年駐守小金門的長城部隊，原是大陸一四五軍團，民國22年日軍進犯長城，軍團留守一班兵力於八達樓子，因敵眾我寡全軍壯烈成仁，日軍感佩其中七位壯士英勇，立「支那七勇士墓碑」榮耀七人，先總統蔣公並賜為常勝軍榮銜。為表彰長城部隊典範，在小金門西宅村前十字路口，仿建長城八達樓子與七勇士塑像。

　　金門現有的公車亭，均起造自戰地政務時代，至今形制未曾改變。這些公車亭，大致可歸類為兩大樣式，一個是僅有遮蔽太陽與雨水的倒L型車亭，外觀結構較簡單，漆上藍白迷彩；另一款屋頂仿中國歇山式，看似古典。這兩種候車亭自戰地政務時代一直默默守在各公車站點，想像著當年一群穿著草綠服的軍人，難得的休假日在公車站亭守候的光景。

　　另有一個公車亭，不是以上兩種公車亭的樣式，外型更不

| 屋頂仿中國歇山式的車亭 | 環島東路五段的西埔簡易公車亭

| 從文宣看板後方看去，車亭屋頂上還有支機關槍架

起眼，但它樸拙的外型，也為經歷過的戰地歲月做了見證。公車亭位在金城東門圓環西側角落，注意其上方文宣看板後面，屋頂平台上似有一個攝影腳架？

　　成功休假中心改建自陳景蘭洋樓，是全島獎賞有功官兵唯一的休假中心。目前洋樓已不再提供官兵休假，建物本體也經

多次整修粉刷，只有成功村街道邊的這面牆仍存留當時的懷舊氣息。

　　從太湖中正公園前的太湖路三段，往三多路方向走去，經過金門縣畜產試驗所沒多遠，即可看到路的兩側延伸出另一條路，這是金門最早的機場「西洪機場」的遺跡。民國40年起復興航空每週有一班航班飛台北金門，八二三砲戰時停用後即廢除。

古寧頭戰役共軍突破海岸防線時，入侵古寧頭、北山、林厝，並往內陸占據安岐、西浦頭，但在盤山、西山、觀音山、湖南高地一帶遭遇死守國軍阻擋入侵腳步。終在第十二軍團從海域會合馳援，擊潰共軍於一役，由於湖南高地可以扼守內陸的頂堡往古寧頭之重要必經之地，當時幸賴第十八軍軍長高魁元於該地設置前進揮所，國軍死守這道防線，有效邊止敵軍繼續進犯，終成古寧頭大捷。幾乎可以斷言，國軍在湖南高地的運籌惟握，扭轉了戰局。俗話說的好：「大戰古寧頭，兩岸變兩國。」

因此在民國75年，金門防衛司令部趙萬富司令官，在湖南高地建一座手握刺刀的石碑，上書「湖南高地」。石碑後方有一斜坡，坡頂有又有一石碑，上書「古寧頭戰役第十八軍前進指揮所」，後方一座碉堡，其上有一面牆寫著蔣公訓詞：「知廉恥、辨生死、負責任、重氣節」。湖南高地從頂堡穿過環島北路走頂林路往林厝方向，約一公里的距離即可在右邊看到，石碑週邊為一個廢棄營區。

金門有多所小學，校名以當時司令官名字取名。這些學校多是這些司令官任內指示興建或成立，因此以他們的名字為校名，作為精神紀念。

多年國小： 位於金湖鎮環島東路四段鄰近溪邊與大陸義胞站，前身為35年創立之溪湖國小，無校舍，暫借民房。民國43年校舍被兩棲偵蒐部隊徵用，校舍另由村民提供，民國47年王多年將軍指示於現址興建學校，校名取為「多年」。

柏村國小： 位於料羅，民國46年金門防衛司令部砲兵指揮官郝柏村將軍指示籌建，由料羅、蓮庵兩所小學合併完成建

校。當時任司令官的胡璉將校名取為「柏村」以感念郝將軍功績。

開瑄國小：位在瓊林與尚義間，前身為民國2年於瓊林成立之「私立瓊山國小」，校名歷經更動，民國39年改名「瓊浦區中心國校」，民國40年改為「金湖中心國校」，民國48年改名「金瓊鄉中心國校」。民國52年軍方於現址建校完成，紀念當時任部隊長之雷開瑄將軍，校名取為「開瑄」

卓環國小：前身為烈嶼中心國民學校，民國47年八二三砲戰爆發停辦招生。民國49年在現今開瑄國小現址復校，因顧及學童搭船長途跋涉之辛苦，民國51年中央政府撥款於小金門興建校舍，並取名「卓環」以紀念當時任烈嶼師長的韓卓環將軍。

述美國小：民國35年，由民間熱心教育人士籌建為「私立官山小學」，39年改為公立學校「官澳國校」，民國48年併「青嶼國校」改名「官嶼國校」。民國55年又將「西園國校」併入，並將其設為「西園分校」。民國59年校本部與分校皆遷於於新校址，為紀念孟述美將軍，校名命為「述美」。

安瀾國小：民國40年創辦，借用碧山村睿友學校作校舍。民國47年胡璉司令官命馬安瀾將軍籌建新校舍，命為「安瀾國校」。

XVII

永恆回憶

駐軍比居民多出二至三倍，除了提供軍人消費的商家外，隨之興起的還有戰地紀念品的生產販售。

　　銅製鑰匙圈算是相當大眾化的商品，鎖墜熔鑄成金門各景點、石碑、古蹟及地圖等意象，買一個掛在腰間，有「曾往戰地一遊」的味道。有的鑰匙圈以精美外盒，附贈書籤的包裝銷售，書籤印製感性憶鄉的詞句。收藏的軍人握著這份小禮品時，也能抒發思鄉之情。

　　下面這張照片，是一件以金門花崗石磨切而成的「金門精神堡壘」飾品。金門精神堡壘原是立於金城東門圓環的巨牆，高7公尺半，長16公尺，牆上浮雕為古寧頭大捷戰役場景。這面牆於民國56年由金門戰地政務委員會指派工兵建造，但在民

國88年，因土地產權問題，「金門精神堡壘」必須被迫移地重建。當年年底，這面牆重現於金門環保公園內，但仔細比對公園內與原立於東門的同一面牆，「金門精神堡壘」字體造型已大大不同，應該不是原來的那面牆了。但在金門解除戰地政務後其他文化資產的流失，金門精神堡壘至少仍「存在」世上，已屬幸運。

「金門精神堡壘」在那個硝煙未盡的年代，具有提昇士氣，振奮人心的作用，禮品業者利用它的紀念性，設計這座用產地石材製造而成的擺飾，讓退伍離開金門的軍人能帶走這份土地的紀念。

每年聖誕節來臨或一年將盡時，人們習慣寄張耶誕卡或

新ㄒ年ㄋ快ㄎ樂ㄌ 快ㄎ樂ㄌ新ㄒ年ㄋ

史魁如

郵 軍

1.50 票郵國民華中

（郵資符誌剪下失效）

如逾廿公克須按章補足郵資

（限金馬地區交寄）

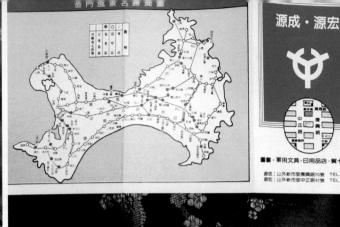

賀年卡給親朋好友，賀歲與祝福耶誕其實不是寄卡片的主要目的，連絡感情與表達思念才是這張賀卡的功能。遠在金門的軍人，更需要在這個節日買幾張賀卡寄給朋友。金門也有出戰地風格的聖誕卡，照片中以古寧頭戰史館為背景的賀卡是筆者唯一收藏的戰地賀卡，現今金門駐軍大量減少，積極朝現代化建設邁進，這類賀卡也不再生產了。

當時金門的郵局都是軍方經營的軍郵局，所以軍人寄信用的信封也是特別設計的軍郵。

由於當時基於安全的考量，除了軍方內部，一般書店並沒有出版詳細的金門地圖。但為了方便阿兵哥休假時辦清金門各地位置，做為搭乘公車的參考，較大的書店、影印店會印製簡易金門地圖的小折頁贈送消費者。這種小折頁如山外的大山文具行及源宏文具行所印製，除了地圖，也有公車時刻，方便阿兵哥規劃行程。

由於戰地政務的施行，金門被定位為「前線」、「敵前」，軍法的適用也比台灣本島嚴格。因此部隊印製不少注意事項的小卡片提供軍人背誦。

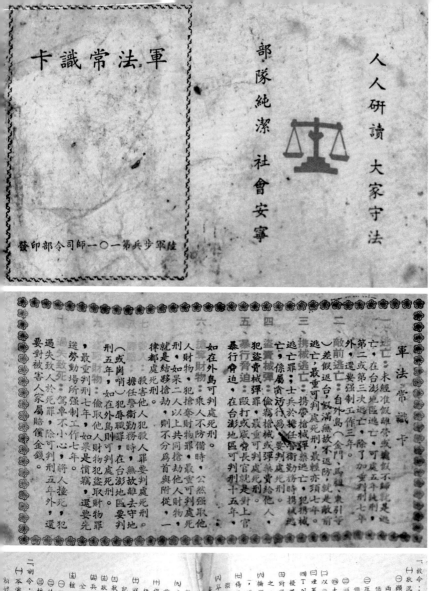

軍法常識卡

人人研讀　大家守法

部隊純潔　社會安寧

陸軍步兵第一〇一師司令部印發

軍法常識卡

一、逃亡：未經准假擅離營伍或假期已滿不歸隊就是逃亡。士兵在台澎地區逃亡，可處五年以下徒刑；在外島逃亡（金門、馬祖、東引等外島），第二、三次逃亡，除了加重刑七年外，自外島逃亡，可重判處三次逃亡自作三年。

二、攜械逃亡：攜帶武器彈藥逃亡，最重可判處死刑，最輕判處十五年。

三、逃亡：士兵於敵前逃亡或假返回台，假滿無故不返防，就是敵前逃亡，可判處死刑。

四、暴行脅迫：屬下於勤務時，對上官犯暴行脅迫罪，要判處死刑給他人，犯前者攜械。

五、盜賣軍彈：貪污行為盜賣槍械或軍彈，可判處死刑。

六、犯盜搶罪：偷竊財物或骨幹長官，或攜械也是對上官前犯械亡。

七、如在外島可判處死刑其他人財物，犯搶乘人不防備時，二人以上共同搶劫，則不分為首劫與附從也；公然強取他人財物，最重可判處死刑。

八、刑人財物就是搶奪。辱長官罪要判死刑；殺人犯處死刑或無期徒刑；殺其他人，犯職務上罪要判處死刑，如果在台澎地區則要判處死刑；他人財物可判處死刑；偷取財物如果是慣竊，還要先判處死刑盜取罪。

（一）崗哨刑五年，搪勞動場所強制工作七年，不小心可判刑五年。

九、過失致死，最重判刑七年，如駕車不小心，將人撞死，犯罪，除可判刑五年外，還要對被害人家屬賠償金錢。

一、教令：

（一）狀況部隊：
顯示登陸及空機地降時，其兵力（比如二十四即一個連兩個團（一連代表一個師），給鄉鎮一連……

（二）夜間顯示兵力，予定前紅色一隻代表一個連……
顯示進行射擊時，二人代表一個排……
大藍旗一面代表兵團……小藍旗一面代表軍……小旗一面代表師……
（三）沖入一面代表空岸地區及敵人力……敵前一個排代表一個連……紅色代表汽油彈區代表……每一個代表第二……

（四）TNT或大爆竹裝炸代表爆炸……

（五）建築爆彈（爆）發色代表爆彈炸、紅色代表……

（六）橋樑及道路破壞，以粉筆及石灰畫×顯示之……爆破大小、爆彈及定時炸×之。

（七）傷患均受派員看護喪，並給紙號清……消除。

（八）草品、藥品、平綁作系人救（除×所行以為外）顯除。

二、口令：

（一）本演習：演習部隊說明「甲聯」「乙聯」於演習時不特別標對方「匪方」或「共方」之……

（二）持久性戒令：以紅色字擂彈表示。
（三）植生化狀況：以紅色字擂彈表示。
（四）狀況核組均個：其他及召集作系人敕以資研究預習作戰……
（五）兵員顯先及召集作系人……
（六）撓彈及道路破壞……
（七）狀況依個賴青……以長組公分……金門時每一人代表五十八……伴隨排列……

上、中：軍人常被要求背誦各種法令、教條，甚至長官車號、姓名。為方便阿兵哥在任何情況能背誦資料，部隊常製作這種可以放在口袋中的資料卡

下：部隊有許多任務、演習、訓練，這些都是須要對官兵做教育訓練的，也因此印製許多書面資料，部隊為求儘速印出，都是用刻鋼板的方式大量油印，圖中的的印刷是打字兵打字後油印的

右：部隊的政戰部門常有許多測驗，如心戰 教育、政治作戰教育，甚至也有四書研讀，這些都要定期「考試」，考卷也是用刻鋼板的方式印出，照片的考卷鋼板是手寫的，這是當時字寫得漂亮的人會被選為文書的原因

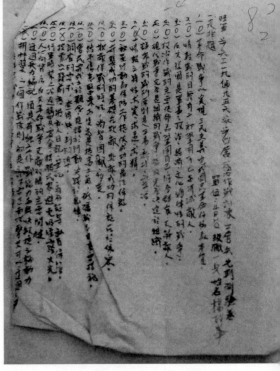

　　那樣的年代，電腦尚未普及，資料印刷方式也很簡易，部隊裡最常見的就是「刻板」，將字以尖刀或金屬刻在類似複寫紙的臘紙上，然後以滾筒塗上油墨在印刷板上來回塗刷，就成為簡便的印刷了。部隊最常用在考卷、文書資料上。

　　若需要繕打成正式的文書，如公文、人令。會操作打字機的人就會被營級以上的單位延攬為文書，打字在臘紙上，然後送去印刷店出稿，效果不下於現在以電腦打字後，用印表機列印的效果，但缺點是版面內容無法更改，若有錯誤則必須整份文件重新打字。

　　如今，打字兵、刻板印刷也走入歷史了，部隊也跟上資訊時代的腳步，講求效率與美觀的電腦，使其成為軍民必須的

「家電」之一。

　　島上駐軍多是遠渡台灣海峽來金門服役的異鄉人,有些人為一解思鄉之苦,會在花崗岩壁刻字,甚至雕塑心情的圖象,這塊在成功海灘的花崗岩,應該是家住澎湖弟兄所為。

走進英雄島──金門戰地巡禮之旅

XVIII

沉沒中的英雄島

古寧頭大捷一戰而聞名於世，走過八二三砲戰、九三砲戰與單打雙不打的年代，金門仍要提防水鬼摸哨、匪船越界、冷不防的空襲空降。當台灣已是經濟起飛，人民生活安和樂利的時代，金門與馬祖時時備戰而不求戰，嚇阻共軍進犯，寫下無數英雄事蹟，成為名副其實的「英雄島」。

　　戰備導入地下，陣地遍佈全島，木麻黃樹林掩住島上所有工事、路徑；夜間不讓一絲燈光外洩。為鼓舞士氣，提醒軍民莫忘國仇家恨，以精神標語振奮人心，反共標語警惕軍民洗刷國恥。

　　戰地政務時期，除了設籍金門的居民、編制在金門各部隊的軍士官兵、總統與中央政府的院、部官員、參與勞軍或報名救國團的金門戰鬥營，才有機會進出金門地區。「神祕感」、「謎樣的色彩」讓金門若隱若現浮在海上，軍管像個森嚴的鐵幕，拒人於千里之外。

　　金門吸引人的，不就是這份神祕感麼？

　　西元1992年解除戰地政務，被戒嚴、威權長期限制的居民，極度渴望自由的滋味。台灣的民眾，更想一探戰地前線的風光。為了行駛絡繹不絕的遊覽車，主要公路都被拓寬、取直。金門人認為發展觀光要蓋飯店、增加遊樂設施及改善交通，就要取得更多的土地，短短幾年，三十多年時光形成的木麻黃林被伐除大半。

　　解嚴後限建措施廢除，民眾紛紛搬出古厝、平房。平地起高樓，土地的需求使得濕地也遭殃，許多未遭掩埋的池塘、河流也遭到石塊、水泥「固化」，影響在泥岸築巢的野鳥翡翠生存，影響生態甚鉅。金門景觀為之一變，少了綠色隧道，失去

了島嶼水鄉。

戰地政務讓許多金門人存了不少錢，蓋新房子，聚落中出現愈來愈多現代化樓房，顏色不一，高低有別，古典整齊的自然村景觀愈看愈是混亂。金門解嚴初期，搭飛機從空中看金門，那燕尾飛揚的閩南古厝屋頂頗具美感。而建國百年之後由於房價、地價飆漲，帶動房產投資，政府為照顧買不起房子的縣民，介入興建合宜住宅，結果現代建築激增，現在搭飛機從空中鳥瞰，竟難以發現那有如模型，雅緻漂亮的四合院聚落。

在戰地政務時期，雖然只有規定軍方線路地下化，但從早期的攝影出版品《金門之旅》、《金門史蹟源流》的照片來看，景觀仍屬乾淨。現代化入侵自然村之後，居民對網路、有線電視的需求大增，電線雜亂橫越街道巷弄，有如蜘蛛網，這令喜好攝影的人難以入鏡。

金門國家公園成立後，頒訂「金門國家公園維護傳統建築風貌獎勵補助實施要點」，凡在金門國家公園區內傳統建築，依原貌形制整修，補助上限從二百五十萬至五百萬不等；新建房屋按傳統金門民居格局外貌，補助上限八十萬，以鼓勵民眾維護傳統建築。辦法實施之初，有數棟新建房屋依閩南建築格式，或當地洋樓樣貌興建。但金門房地產漲幅在全國已是名列前矛，補助款項如杯水車薪，加上仍有四分之三的土地並非在國家公園區內，難以遏止景觀的不變。

當人們紛紛搬出傳統民居住現代房屋，愈來愈多古厝就開始空著。無人居住的屋子樹木雜草攀援附生，導致崩塌荒廢，這種情形若持續下去，將是傳統聚落保存的危機。

金門的古廟、宗祠、家廟歷史久遠，形制典雅，不多華

飾。交趾陶、剪黏藝術、泥飾、壁雕、剔底石雕，也只運用於窗戶上的水車堵、子午窗、燕脊下方的規帶上，建築為閩南格局，外牆牆面如同金門一般古厝，下方花崗石材條砌，上部紅磚貼面，內部樑柱楹棟皆為木材，屋瓦以紅磚板瓦層疊鋪設，屋脊為弧度優美的燕尾，除宗祠、家廟成對的螭吻，寺廟的一對蟠龍外，沒有多餘的裝飾，頗有寺廟應有的簡單莊嚴。

解除戰地政務後，島上興起寺廟翻修擴建風潮，首先受害為建於清康熙十九年的後浦城隍廟（西元1680年）。該廟為傳統閩南二進格局，民國82年全部拆除重建，水泥建築、金黃色的筒瓦屋頂，滿屋脊的蟠龍剪黏，簡樸不再，外觀俗不可耐。由於拆除重建過早，許多攝影愛好者來不及留下原來樣貌，古廟照片只能從戰地政務時期拍攝的照片中追尋。

之後金門的廟宇的「翻修」幾乎是「修一棟，死一棟」。最近遭翻修古廟，是民國103年的料羅順濟宮。依據清光緒年間的「金門志」記載，順濟宮為明代所建，但「順濟」廟額卻是八百八十六年前宋徽宗宣和四年所贈，雖然幾次修建，廟內已無可供佐證歷史的文物典籍，但由於「天后宮」、「天后廟」之稱呼為元代之後，幾無「順濟」之名，因此推斷順濟宮歷史比明代更早。

2014年4月，村民質疑廟之「寸白」數字不吉，決定拆除重建。引起關心文化資產的人士、團體注意，奈何文化局遲遲不指定為古蹟，文化部因權責在地方主管機關而袖手旁觀，5月22日，順濟宮遭到拆除。人稱金門民風淳樸善良，但逆反行為令人震驚，莫非風氣已然不變！

這些「世界遺產」特色快速流失。台灣來的觀光人潮，看

不出屬於金門特質的金門，失望讓旅遊的熱情在短短幾年內退燒，金門人卻不明白其中原因。

民國88年，中度颱風丹恩侵襲金門，颱風中心離金門西側只有50公里。大量伐木後殘存的木麻黃顯得孤立，受風面積更大，在丹恩的肆虐下幾乎倒地不起，縣政府藉此宣稱木麻黃已經衰退、隨時有傾倒壓傷人的危險，於是再一波地進行伐木，地勢平坦的金門再也沒有那種隱密性、神祕性！之後造林所用的樹種，如某些路段種植小葉欖仁、烏桕、台灣欒樹，冬天葉片落盡，在金門東北季風最大的季節卻毫無防風功能。台灣道路維護思維介入金門後，主要道路兩邊改以色彩鮮的植物點綴，軍管時代，除了木麻黃立於道路兩邊形成綠色隧道外，地被層種植保持水份的蟛蜞菊，或維持自然植被。刻意美化卻需另撥經費維護，且與台灣各地景觀相比太過均一化，這不是呈現地方特色最好的方式。

民國93年，金門縣政府計劃闢建三條寬三十米道路，這三條道路分別是：一、現今的中山路。二、從馬山至塘頭的離岸海堤。三、因應「水頭國際商港」交通需要，沿水頭一條入海野溪開闢。第一條道路腰斬中山林，且挑戰國家公園設立於金門的意義。第二條路破壞官澳潮間生態，並將威脅鱟的生存。馬山所代表的隱密性與戰略特質，有其不容抹滅的存在意義，馬山易守難攻，能就近嚴密監視大陸動靜，為金門優勢陣地中最具代表性的營區。但海堤將使馬山附近地景一覽無遺，損其戰略地位的神祕特質。水頭商港連外道路則切斷水獺覓食水路，且毀滅后豐港村內的古官道，對聲稱「文化立縣」的金門。無疑一大諷刺。

三大馬路消息傳出後，引發金門第一場社會運動「預約一場溫柔的革命」連署活動，金門日報的社論每日作回應、辯護，但在景觀總顧問安排與縣府的座談會後，機場附近濕地松與木麻黃竟在一日內伐盡，變成今日的「中山路」。馬山聯外海堤也在次年開闢。目前僅有水頭商港計畫道路「1-1」因涉及私有地徵收尚無動靜。數十年的軍管，造就的卻是威權心態的政府。

民國89年部隊進行精實案，民國93年精進案實施，許多單位被裁撤消失，至民國96年已無旅級單位。許多營區、路旁碉堡人去樓空，這些在兩岸長期對峙中維持「固若金湯、雄鎮海門」的軍事遺跡，並沒有受到英雄般的待遇。軍方釋出的營區幾乎難逃拆除的命運。幸運保存的被重新裝修及安裝遊憩設施。例如獅山砲陣地，是全國唯一的坑道式榴砲陣地，取「威震金東」之意，又名震東坑道，原為金防部砲指部641營砲3連駐地。精實案後改編金防部砲指部砲三營砲三連；精進案後裁撤並於2009年移交金門縣政府管理。獅山砲陣地現有玻璃帷幕的解說中心，大門劃設遊覽車下客動線，崗哨以假人代替代衛兵，並裝有感應器，凡有遊客進入，音響設備即會播放已錄好的口令：「班長好」，並有安排「偽」女兵定時跳砲操表演，營區還有無線網路服務，名震金門的獅山砲陣地完全失去嚴肅之氣，無法「威震金東」。

小金門麒麟山次口徑靶場海拔189公尺，是小金門最高峰，可俯瞰廈門沿岸及金廈海域動靜，戰略地位不容小覷。靶場已做觀光用途，指揮所裝潢得像個遊客中心，遊客完全無法體會陣地中「雄壯、威武、嚴肅、剛直……」的精神，被公部

門接收規劃的營區幾乎都走向這樣的命運。

　　台灣金門的交通往返目前僅有飛機，2013年年底台金機票調漲後，台北金門來回票價逼近5000元，高雄金門來回機票也超過4600元。金門的軍事陣地，除了隨處可見外，還在於它「不可侵犯」的神聖特質。營區拆除或移撥改造，遊客找不到每次都可以發現新營區的驚喜，當戰地特色不再，閩南文化流失，神祕感消失後，沒有人願意支付昂貴的旅費造訪這座小島。為了挽救退潮的觀光，政府又必須想其他點子，這些方式都對金門沒有好處，如此惡性循環，小三通、BOT即是一例。

　　「小三通」於民國90年開辦，台商進出頻繁、分秒必爭，卻鮮少駐足當地消費。除了機場碼頭間的交通運輸業、免稅商店外，島內無一產業因小三通而起色。為了因應大陸觀光客造訪金門，一紙公文拆滅了大部分的反共愛國標語，只因害怕大陸同胞看了反感反彈，這又消滅了金門一項發展的資源。小三通毀滅的則是水頭海灘與以海維生的后豐港漁村，用來作小三通的水頭商港，填平了水頭沙灘與后豐港外海一帶。水頭傳說中鄭成功校閱水軍的點將石（又稱點將臺），也隨之長埋海中。此時，博奕議題也在五個離島發燒，到了這個時代，似乎敗壞風俗、催毀當地文化才是拯救島嶼經濟的萬靈丹！

　　諷刺的是，文建會（現今之文化部）於2010年出版「臺灣世界遺產潛力點簡介」，將金門馬祖戰地文化列入潛力點。同年金門與馬祖相繼表態有意以戰地文化申請世界遺產後，2011年6月7日的中國時報便報導軍方也表態支持。但縣府、軍方兩個政府部門拆除、扭曲規畫營區的作法仍持續進行著。

　　過去的各項建設都無法繁榮金門，2013年金門縣政府祭出

十二個BOT案。金湖山外小太湖畔的「昇恆昌免稅商店與金湖鎮商務旅館」於2013年落成營運，太湖是自來水重要水庫，金門縣政府卻在湖岸首開佔地二十二公頃，地上十二層之大型建築物，在水源地進行大型開發案的政策，引人疑慮。

第二個BOT案則是利用中山路兩側打造「金門工商休閒園區」，已營運的「風獅爺免稅商店街」，其中也有大型電影院。不管是昇恆昌免稅商店或風獅爺免稅商店街，都有大型電影院，但金門人已十多年不看電影了，最後一家電影院僑聲戲院關門之後，就沒有電影院的出現。風獅爺免稅商店街離機場有一公里以上的距離，候機民眾不會在有限的時間內步行到這裡購物。而且金門賣場、便利商店已足夠消費所需，對大型百貨業的需求不高。金門的民宿遍及各鄉鎮，金門國家公園也在積極推廣傳統古厝民居，新建這兩座大型旅館，加上其他的BOT案也有旅館規畫，將引起市場的瓜分，並非民眾之福。

金門第三個BOT案「金門縣綠色休閒渡假園區」離南莒湖僅五十公尺，與環評法規定的離野生動物棲息環境需達五百公尺以上相比，的確太近。工程開工後，附近就有四隻水獺遭到路殺死亡。水獺在金門的生存與戰地政務有密切相關，為了戰備需要，金門挖掘出的池塘、人工湖與週遭的溪流、濕地形成四通八達的水路系統，且每個池塘中皆有放養魚類，以供應戰時食物所需。這讓活動範圍超過半徑二公里的水獺有足夠的生存空間與食物來源。解嚴後水獺的生存備受威脅。前埔溪接受太武山的水源後，注入南莒湖，再往東流向田埔水庫入海，綿延超過三十公里的流域，是金門水獺與金龜的重要棲地，如今這最後一塊濕地樂園又將不保。

過去部隊常四處挖掘散兵坑、戰車壕……等工事，無意間為挖洞築巢的栗喉蜂虎造就更多的營巢地。現在金門到處進行工程，容易將沙堆、壕溝一夕剷平。這些生物看似與金門民生經濟無關，但台灣不少賞鳥人士，莫不為一睹金門野鳥、水獺的丰采而來，這何嘗不是一項重要的觀光資源。

　　2018年7月1日，行政院將曾於民國39年立下大二膽戰役功勞的大膽島與二膽島正式移交金門縣政府。金門發展的模式就是開發再開發，直到山窮水盡……

　　戰士心目中的英雄島正在沉淪，這些碉堡、標語、坑道、商店招牌、木麻黃……在未來的世代，有誰記取！

附錄I 相關網站

網站名稱	網址
北雁南飛－金門	http://papilio0204.pixnet.net/blog
金門部落	http://blog.sina.com.tw/a1823145/
後備軍友俱樂部	http://army.chlin.com.tw/BBS/index.php
仙山聖地英雄島	http://blog.sina.com.tw/tel336358/
留在金門忘了飛Visit Kinmen	http://visitkinmen.pixnet.net/blog
烈嶼觀察筆記	http://taconet.pixnet.net/blog
C'EST SONNOY	http://sonnoy.blogspot.tw/
點石成金　尋秘金門	http://discoverkinmen.blogspot.tw/

附錄II　參考文獻

一、書目

1. 石曉楓、吳慧菱、徐月娟、陳思為、陳榮昌、楊樹清、歐陽柏燕、洪進業、高丹華、顏炳洳，2005年8月，《星期三的文藝課》，城中文藝社。
2. 李仕德，總編纂，2009年12月，《金門縣志：96年續修》，金門縣政府民政局。
3. 李錫回，主編，1988年4月，《金門史蹟源流》，金門縣政府。
4. 林保寶，2000年3月，《牆上烽火》，博揚文化事業有限公司。
5. 洪春柳，1996年6月，《金門傳奇—七鶴戲水的故鄉》，金門縣政府。
6. 黃振良，2012年12月，《金門軍事遺產的普世價值》，金門縣文化局。
7. 許維民，1989年2月，《金門之旅》，設計家出版社。
8. 許績鑫，2011年1月，《金門史蹟源流補略》，設計家出版社。
9. 陳延宗，2003年6月，《海上仙洲原鄉人》，金門文藝。
10. 張啟文，1994年1月，《我的金門歲月》，台中縣文藝作家協會。
11. 鄭有諒，2006年10月，《遺留戰場中的精神標語》，金門縣文化局。
12. 李福井，2011年6月，《金色年代：金門百年庶民列傳・經濟篇》，旺文文創出版社。

二、期刊

1.杜松柏，2014，〈八吋自走砲奮戰金門之秘史〉，《傳記文學》，97
　（5）：60-68
2.宋怡明，2009，〈戰火下的記憶政治〉，《國立臺灣大學考古人類學
　刊》，71：51-69
3.林蕙玟，傅朝卿，2007，〈戰爭紀念性意義之差異性研究—以金門與
　美國蓋茲堡之役之設置意涵為探討〉，《建築學報》，62：23-48
4.陳佳吉，2000，〈金門地區軍事精英的結構分析〉，《復興崗學報》
　97：247-278

釀旅人21　PE0082

 走進英雄島
　　　　——金門戰地巡禮之旅

作　　　者	楊政峰
責任編輯	李冠慶、徐佑驊
圖文排版	楊家齊
封面設計	蔡瑋筠
地圖繪製	李　杰

出版策劃　釀出版
製作發行　秀威資訊科技股份有限公司
　　　　　114 台北市內湖區瑞光路76巷65號1樓
　　　　　電話：+886-2-2796-3638　傳真：+886-2-2796-1377
　　　　　服務信箱：service@showwe.com.tw
　　　　　http://www.showwe.com.tw
郵政劃撥　19563868　戶名：秀威資訊科技股份有限公司
展售門市　國家書店【松江門市】
　　　　　104 台北市中山區松江路209號1樓
　　　　　電話：+886-2-2518-0207　傳真：+886-2-2518-0778
網路訂購　秀威網路書店：http://www.bodbooks.com.tw
　　　　　國家網路書店：http://www.govbooks.com.tw
法律顧問　毛國樑　律師
總 經 銷　聯合發行股份有限公司
　　　　　231新北市新店區寶橋路235巷6弄6號4F
　　　　　電話：+886-2-2917-8022　傳真：+886-2-2915-6275

出版日期　2016年5月　BOD一版
定　　價　380元

國家圖書館出版品預行編目

走進英雄島：金門戰地巡禮之旅 / 楊政峰著. -- 一
版. -- 臺北市：釀出版, 2016.05
　　面；　公分. -- (釀旅人 ; 21)
BOD版
ISBN 978-986-445-076-3(平裝)

1. 戰地政務　2. 旅遊　3. 福建省金門縣

673.19/205.4　　　　　　　　　104025514

讀者回函卡

感謝您購買本書，為提升服務品質，請填妥以下資料，將讀者回函卡直接寄回或傳真本公司，收到您的寶貴意見後，我們會收藏記錄及檢討，謝謝！
如您需要了解本公司最新出版書目、購書優惠或企劃活動，歡迎您上網查詢或下載相關資料：http:// www.showwe.com.tw

您購買的書名：_____

出生日期：_____年_____月_____日

學歷：□高中 (含) 以下　　□大專　　□研究所 (含) 以上

職業：□製造業　□金融業　□資訊業　□軍警　□傳播業　□自由業
　　　□服務業　□公務員　□教職　　□學生　□家管　　□其它_____

購書地點：□網路書店　□實體書店　□書展　□郵購　□贈閱　□其他

您從何得知本書的消息？

　　□網路書店　□實體書店　□網路搜尋　□電子報　□書訊　□雜誌

　　□傳播媒體　□親友推薦　□網站推薦　□部落格　□其他_____

您對本書的評價：(請填代號　1.非常滿意　2.滿意　3.尚可　4.再改進)

　　封面設計____　版面編排____　內容____　文／譯筆____　價格____

讀完書後您覺得：

　　□很有收穫　□有收穫　□收穫不多　□沒收穫

對我們的建議：_____

_____

_____

_____

11466
台北市內湖區瑞光路 76 巷 65 號 1 樓

秀威資訊科技股份有限公司　　　收

BOD 數位出版事業部

....

（請沿線對折寄回，謝謝！）

姓　　名：＿＿＿＿＿＿＿　年齡：＿＿＿　性別：□女　□男

郵遞區號：□□□□□

地　　址：＿＿＿＿＿＿＿＿＿＿＿＿＿＿＿＿＿＿＿＿

聯絡電話：(日)＿＿＿＿＿＿＿　(夜)＿＿＿＿＿＿＿＿

E-mail：＿＿＿＿＿＿＿＿＿＿＿＿＿＿＿＿＿＿＿＿